La Fea Burguesía

— EDICIONES —

ADOLFO FÉRNANDEZ AGUILAR

LA ESPAÑA DE BABEL

La Fea Burguesía
— EDICIONES —

MURCIA, 2024

La editorial es consciente de la necesidad de los recursos natu-
rales para consumir cultura y de la colaboración en la conser-
vación del medio ambiente. Así pues, por la impresión de este
libro, ha plantado un olivo (*Olea europaea*) en el paraje de el
Estrecho de la Encarnación en Caravaca (Murcia)

«La España de Babel»
© Adolfo Fernández Aguilar, 2024
© La Fea Burguesía Ediciones, 2024
Grupo Editorial Tres y Libros, SL
Murcia, España.
www.lafeaburguesia.es

Diseño cubierta y maquetación:
Fernando Fernández Villa & Gloria López Corbalán
Asistencia informática: Guillermo Rodríguez Macanás

La edición de este libro ha contado con la colaboración de la
Fundación Cajamurcia

Primera edición: enero de 2024
ISBN: 978 84 127605 5 2
Depósito legal: MU 24-2024

Printed in Spain - Impreso en España

ÍNDICE

«Hic domus, haec patria est»
(Aquí está mi casa, esta es mi patria)
Virgilio. Eneida 7/122

PRÓLOGO

Siempre hay una primera vez para todo. Con este prólogo, que atentamente me pide mi buen amigo Adolfo Fernández, me estreno en esta honrosa faceta de introductor de libros, tarea nada sencilla cuando se trata de abrir la puerta al lector a una cuidada selección de artículos de opinión, 76 publicados en LA VERDAD entre 2016 y 2022, que reparan en las inquietudes más esenciales del ser humano. En este caso con una lucidez y un acierto solo al alcance de quien ha vivido en primera línea como periodista, primero, y como político, después, los hitos de una sociedad, la española -también la murciana, por supuesto-, que evolucionó desde la dictadura a la democracia y que en los últimos años asiste a complejas transformaciones que ponen en riesgo los principios de libertad, convivencia y respeto a la pluralidad que inspiraron la Transición. Y todo ello con el plus de incertidumbre y vulnerabilidad desatado por la pandemia de coronavirus, la mayor crisis sanitaria vivida por la humanidad en la historia reciente, una especie de «peste» —como la denomina Adolfo acertadamente en una de sus reflexiones— que ha traído muerte y enfermedad, socavando los pilares de nuestro modo de vivir y de relacionarnos. Una durísima controversia que, según la Organización Mundial de la Salud (OMS), ya hemos superado, pero que nos deja a todos, sin excepción, marcados para siempre. Cómo olvidar las UCI de los hospitales desbordadas, los ataúdes saliendo de las residencias de mayores, los profesionales de la sanidad exhaustos y protegidos con trajes EPI, las miradas de desconfianza por la calle, en la oficina o mientras comprábamos el pan por si el virus nos atacaba, los balcones convertidos en miradores de la desolación y a la vez de la esperanza, el confinamiento por decreto. Qué episodio tan trágico y doloroso.

Como avispado observador y analista de la realidad, el autor de este libro que usted, querido lector, tiene entre sus manos navega en sus textos por asuntos de actualidad política del momento, con especial atención al conflicto independentista en Cataluña y su desafío al Estado español, referéndum ilegal del 1 de octubre de 2017 incluido. Toma este ejemplo para lanzar una dura crítica a los nacionalismos y los populismos, sin duda dos fenómenos que en la última década han adquirido un destacado protagonismo en los parlamentos europeos y en no pocos gobiernos estatales y autonómicos, en el caso concreto de nuestro país. 'La España de Babel' retrata una nación agrietada, amenazada por los intereses de unos pocos y, según sostiene Adolfo Fernández, atenazada por una ley electoral que empodera a las minorías y castiga a las mayorías, consecuencia directa de un sistema de representación territorial que, a juicio del autor, debería ser sustituido por una circunscripción única, en la que cada voto tenga el mismo valor ya sea emitido desde Murcia o desde Barcelona. Las concesiones constitucionales a las nacionalidades históricas de España en aras del consenso y el acuerdo se han vuelto en nuestra contra, viene a decirnos el diagnóstico del exdiputado, exsenador y polifacético periodista.

Pero nadie mejor que Adolfo, por supuesto yo tampoco, sabría definir la finalidad de estos 76 artículos de opinión seleccionados en 'La España de Babel'. Con el permiso del autor, reproduzco aquí sus palabras en uno de sus textos publicado el 7 de julio de 2018 y titulado 'Los huesos de Franco'. Dice así: «Intento hacer análisis de hechos presentes y pasados ahora que de uno en uno van desapareciendo todos los testigos, y antes de que yo mismo empiece a declinar y pierda la memoria de lo sucedido. También son, por tanto, una tabla de salvación personal y una terapia que me mantiene vivo y despierto. Todo se lo debo a la libertad de expresión y a LA VERDAD, donde escribo libremente desde hace tantos años. Es algo grandioso vivir en democracia y tener voz, y libertad de expresión, y un periódico donde poder decir libremente todo esto. Si los periódicos desaparecieran algún día, el panorama sería trágico. Sería como la pesadilla de Orwell, con una sociedad convertida en robots, donde todo está organizado en poderes invisibles. Si los periódicos desaparecieran, correríamos el peligro de que desaparezcan también la libertad, la capacidad de reflexionar y desvelar, y también la propia democracia». Qué razón tiene Adolfo, más aún en estos tiempos de bulos y todo tipo de noticias falsas que corren como la pólvora a través de internet entre crédulos y dóciles ciudadanos, huérfanos del espíritu crítico que promueve el periodismo bien hecho.

En mi trayectoria de varios años como coordinador de las páginas de Opinión del diario LA VERDAD, no conozco a un colaborador más escrupuloso, comprometido y autoexigente que Adolfo Fernández. La seriedad con la que aborda sus textos es digna de destacar en una persona que prefiere escribir a mano para luego, con la ayuda de su queridísima nieta, pasarlo a ordenador y hacerlos llegar a la Redacción por correo electrónico. Su nivel de exigencia es tal, que rara vez no me llama por teléfono para cambiar tal o cual adjetivo o para mejorar determinada frase en busca de la perfección. «Víctor —me dice al otro lado del teléfono como si le fuera la vida en ello—, este artículo lo he preparado y documentado como nunca antes se ha visto. Tienes que intentar que quede íntegro como sea; imposible cortarle». Cuántas veces habré escuchado de su boca esta explicación y cuántas veces comprobé que llevaba toda la razón cuando culminé su lectura.

Le dejo ya, apreciado lector, que se adentre con entusiasmo y elevadas expectativas en «La España de Babel» radiografiada por Adolfo Fernández, en la que hallará sesudas reflexiones sobre los misterios de la vida y la muerte, la vejez, los avatares políticos del momento, la crisis medioambiental del Mar Menor, las tradiciones culturales y religiosas, las inquietudes de los jóvenes, la corrupción, la pandemia de covid, el periodismo y los periodistas, los desafíos de la movilidad urbana, el futuro... Temáticas variadas y amenas, aplicables al momento histórico actual, para leer del tirón o a pequeñas dosis si se prefiere. ¡Que aproveche!

Víctor Rodríguez
Jefe de Edición de LA VERDAD

LA ESPAÑA DE BABEL

LA ESPAÑA DE BABEL

Con la construcción de la Torre de Babel los babilonios pretendían alcanzar el cielo. Vano empeño. Ese proyecto narrado en el Antiguo Testamento y el Génesis, a mí me parece un propósito encomiable, dejando aparte las otras consideraciones de un Dios iracundo y un hombre soberbio. Tenían un proyecto positivo: construir la Torre.

Después llegó todo lo demás. Fue un vano intento, porque siguiéndole los pasos vinieron otros con un proyecto distinto y su objetivo era destruir la Torre. Durante siete siglos unos y otros la construían y la destruían. La levantaron y la derribaron caldeos, asirios, arameos, hebreos y persas. Hasta ahí llegó también Alejandro Magno que al ver la Torre en ruinas se puso manos a la obra para reconstruirla. Él, que en todo fue invencible, con la Torre se dio por vencido. Cuentan las leyendas que Dios se irritó mucho con ese vaivén, y silbando fuertemente provocó un gran vendaval que derribó para siempre la mítica Torre de Babel.

Pese a todo, en esa epopeya legendaria primó un espíritu positivo dominante: construir una Torre. Mientras que en la España de Babel de hoy todo es negativo, y el único plan que tenemos es la firme tenacidad en derribar la Torre. Desde que España entró en esta crisis aguda de esquizofrenia política que padecemos hoy, lo único que hemos conseguido ha sido resucitar esa alegoría de la Torre de Babel convirtiendo la metáfora en una realidad tangible llamada la España de Babel. La división de las lenguas es el origen de ambos conflictos. Ese atajo de fascistas llenos de odio que son los radicales independentistas catalanes, imitan a Babel. La represión del uso del idioma catalán, que es tan nuestro como el español, fue una estupidez de la dictadura franquista, pero eso fue un juego de niños comparado con la salvaje represión que sufre hoy en día el idioma español en Cataluña. Es una tiranía, violentando todos los principios y derechos de los propios catalanes. La Generalitat, usando como espoleta la destrucción de la lengua española, definitivamente ha cruzado todas las líneas rojas.

Cuando estoy escribiendo este artículo leo que la Generalitat ha dado la orden de alentar a los padres y escolares para que denuncien ante ella a los colegios que no cumplan las órdenes de inmersión total al catalán y han creado un cuerpo de inspección propio, suprimiendo el del Ministerio de Educación. ¿Es que hemos perdido la vergüenza no haciendo frente a tantos atropellos y sobre todo a este adoctrinamiento de los niños? ¿Es este el método de diálogo y tolerancia que ha traído Pedro Sánchez? El desgaste diario, la presión contra todo el orden constitucional, el deterioro del día a día de la convivencia en Cataluña, ya es intolerable. En la legendaria epopeya de la Torre de Babel primaba el afán de construir; en el de los independentistas destruirnos a cualquier precio y contra toda razón. Las veleidades independentistas de unas élites políticas catalanas nos están arrastrando a una crisis de convivencia colectiva que afecta a la totalidad de los españoles. El asfixiante uso mediático diario no cesa. La utilización sectaria del poder estatutario otorgado por la Constitución, solo tiene un objetivo; hacer imposible la convivencia entre los propios catalanes de posiciones antagónicas. Esa es la España de Babel que han traído.

El propio Gobierno español actual, que para mantenerse en un poder que no le han otorgado las urnas, navega con sus desconcertantes socios, en sus contradicciones y rectificaciones, según sople el viento, también alimentan la España de Babel. Lo hace cuando diseña una campaña organizada por el propio Gobierno intentando condicionar y censurar la actuación de la Justicia en vísperas del juicio oral a los líderes independentistas. De esa forma está violentando la división de poderes; el respeto que merece la actuación independiente de los jueces; y ha puesto en duda también la calificación procedimental que está instruyéndose con seguridad judicial y todas las garantías procesales. El PSOE de hoy navega entre la opacidad y ambigüedad en el problema catalán y eso es gravísimo para el PSOE y para España.

El independentismo catalán es peor para España que una plaga de termitas demoliendo la Torre, con la abierta aportación de Podemos formando un bloque irreductible conspirativo contra toda la estructura del Estado, focalizado en el asedio al Rey al que desprecian, calumnian y ofenden permanentemente, al ser el máximo símbolo constitucional del Estado social y de derecho de esta democracia avanzada que disfrutamos, y porque con la destrucción de esa Torre, demuelen toda la estructura de España.

Cuando desde la Generalitat o los partidos políticos se exige la anulación de las actuaciones de la justicia contra el «procés» a cambio del voto favorable a los presupuestos del Estado, están cometiendo una asquerosa y despreciable felonía, y que esa inmoralidad se acepte como normal, al amparo de la democracia, es vomitivo. Como la desvergüenza de otros partidos nacionalistas vendiendo su voto a cambio de la mejor tajada del melón para ellos, sin importarles el daño que hacen a los demás debilitando los recursos necesarios para atender a los más débiles que demandan servicios sociales elementales, o unos días de trabajo al año. Todo exigido con soberbia y amenazas. ¿Para eso nacieron las Autonomías?

Todos estos grandes males políticos se han enseñoreado en España gracias a la Ley Electoral que artificialmente, convierte al Congreso de los Diputados en una auténtica Torre de Babel con intereses partidistas y territoriales contrarios al interés general de todos los españoles y el bien común. La contradicción de votos y escaños es la gran injusticia que deja la gobernabilidad en manos de cuatro o cinco votos. La solución es bien sencilla: convertir España en circunscripción única para el Congreso. Se terminó la estafa.

Se cumplen 100 años del final de la Primera Guerra Mundial, causada por nacionalismos y populismos. Aquella Europa es parecida a la de hoy. Ojalá quede todo en griterío y los independentistas y populismos de hoy se cansen, y todos recuperemos el sentido común. Lo que es seguro es que España seguirá siendo siempre la tierra indestructible de todos, tan rica en su diversidad.

10 de noviembre de 2018

LOS HUESOS DE FRANCO

A esta edad tan avanzada que tengo ahora, lo más importante es que digo lo que quiero y debo decir, sin temor al qué dirán. Así culmino la definición de Eugenio Scalfari, director italiano de «La República», haciéndola realidad: «Periodista es gente que le dice a la gente lo que le pasa a la gente». El periodista o escritor que cumple ese principio es una persona de carne y hueso que tiene la virtud de pensar y decidir; de dudar y de elegir; de volverse atrás y tomar otro camino de nuevo, porque el periodista es un ser fundamentalmente esponjoso, libre y no autómata.

Con la independencia y la edad he ido profundizando en un espíritu crítico que me empuja a manifestar, pública y abiertamente, mi compromiso de señalamiento de acciones o situaciones censurables intentando desentrañar mis propias contradicciones, adoptando el modelo de Giner de los Ríos y volcando la experiencia vivida en defensa de la ética política.

Intento hacer análisis de hechos presentes y pasados ahora que de uno en uno van desapareciendo todos los testigos, y antes de que yo mismo empiece a declinar y pierda la memoria de lo sucedido. También son, por tanto, una tabla de salvación personal y una terapia que me mantiene vivo y despierto. Todo se lo debo a la libertad de expresión y a «La Verdad» donde escribo libremente desde hace tantos años. Es algo grandioso vivir en democracia y tener voz, y libertad de expresión, y un periódico prestigioso donde poder decir libremente todo esto. Si los periódicos desaparecieran algún día, el panorama sería trágico. Sería como la pesadilla de Orwell, con una sociedad convertida en robots, donde todo está organizado por poderes invisibles. Si los periódicos desaparecieran, correríamos el peligro de que desaparezcan también la libertad, la capacidad de reflexionar y desvelar, y también la propia democracia.

En 2003, hace ya quince años, se conmemoró el centenario de «La Verdad», y con ese motivo impulsé y promoví personalmente la erección de un monumento para que perpetuara nuestra gratitud al periódico. El escultor Mariano González Beltrán recibió el encargo y culminó brillantemente la gran obra de su vida. Un grupo circular con figuras corpóreas y abstractas que, entrelazando sus cuerpos, representa a la Humanidad entera. Después, una réplica exacta fue donada por la Región de Murcia al Consejo de Europa, y allí está en la pradera que precede a la solemne escalinata del Palacio de Europa, en Estrasburgo. Francia divulgó después una emisión de sellos conmemorativos que dio la vuelta al mundo con ese Monumento.

Cinco años antes, en 1998, el Ayuntamiento de Murcia remodeló la plaza sin ruidos ni estridencias, con total normalidad. Allí estuvo hasta entonces la Cruz de los Caídos, alta y chapada en mármol negro, emergiendo en el centro de la plaza sustentada sobre un bunker intacto que había debajo construido durante la Guerra Civil. Durante el franquismo, el 20 de noviembre, se celebraba cada año un tenebroso desfile con largas antorchas humeantes de cuerdas de esparto embreado que flameaban para homenajear solamente a los muertos vencedores. Ahí iba también aquel niño que fui.

Remodelada la plaza, nació esta hermosa oportunidad, dotándola de un símbolo de exaltación de la concordia, los Derechos Humanos y la libertad de expresión, como tributo al periódico homenajeado. En la plaza de Santo Domingo está y se le puede ver y tocar. Ahí permanece alzado ese símbolo de armonía y convivencia, ya con una hermosa pátina bruñida por el tiempo. Ante el Ayuntamiento de 2003 de entonces, González Beltrán y yo defendimos con tenacidad la idoneidad de ese lugar por su simbología. Aceptaron al final de mala gana, pero lo dejaron inconcluso, olvidando el ornato e iluminación de la que carece y el geiser central de agua que debía emanar desde el centro. En el monumento hay un paño donde se lee este texto del que soy autor: «A todos los ciudadanos que se esfuerzan en pro de la exaltación y defensa de los Derechos Humanos, y en el ejercicio de la democracia y la justicia, la tolerancia y la libertad de expresión. Centenario de La Verdad. 1903-2003».

Todo esto viene como anillo al dedo a propósito del escándalo que están armando con el Valle de los Caídos y los huesos de Franco. Es la matraca monocorde de una izquierda radical, vengativa y anacrónica, verdadera especialista en necrofilia, 83 años después de la Guerra Civil y 43 de la muerte de Franco. Mover los huesos de Franco vertiginosamente, abriendo heridas y resucitando la historia negra española atrapada en chekas, fosas comunes, fusilamientos, gente asesinada, mutilada y arrastrada por las calles, vencedores y vencidos, es poner el carro delante de los bueyes. Primero debería consensuarse un proyecto transformador de ese lugar para que una a todos los españoles y después acomodar esos huesos de discordia donde proceda. No van a hacerlo así. A mí esta España de hoy no me duele, me hastía.

Manuel Azaña e Indalecio Prieto, con inmensa generosidad, pidieron a todos «paz, piedad y perdón»; León Felipe dejó dicho que «en España no hay bandos, no hay más que un hacha amarilla que ha afilado el rencor». Comulgo con ellos, y por eso estoy en contra de todo lo que conduce al enfrentamiento, al odio y al rencor.

Es posible que el gobierno socialista, cuando deje de levitar y pastelear, descubra que está ahí de prestado y sin méritos propios; por lo que un buen gobernante provisional debe saber que las luchas fratricidas y los huesos no se deben manipular, ni tampoco anunciar planes en corrillos. Nunca estuve en el Valle de los Caídos. No conozco ese lugar. Pero es seguro que puede reconvertirse en algo grande capaz de unir a unos y otros contando la historia completa, no la de un solo bando. Todo sin vértigo, ni conspiraciones, como hicimos con la Cruz de los Caídos, el Monumento a los Derechos Humanos y el Centenario de La Verdad.

7 de julio de 2018

MERCADILLO DE DOMINGO

En los mercadillos de las mañanas dominicales instalados en las calles y plazas de las ciudades, hay puestos y vendedores de toda clase de artículos de segunda y tercera mano, o más; muchos desechados y rotos, que con sus desperfectos, aún son exhibidos allí. El mercadillo es algo así como aquel sabio que se quejaba de que sólo comía hierbas y luego aparecía otro detrás de él recogiendo las hierbas que él arrojaba, como cuentan los versos de «La vida es sueño» de Calderón. La narración de los artículos exhibidos en los mercadillos es un género literario muy sugerente. Son recuerdos y testigos de una vida pasada, chatarra que en ese instante adquiere protagonismo de lo que fue; facturas y cartas comerciales libradas con anacrónica elegancia y cuidada caligrafía, o textos de letra defectuosa mecanografiados en una ya vieja máquina de escribir arrojando saldos de pocas pesetas y céntimos. También hay libros rotos y faltos de hojas recogidos en los contenedores de basura y salvados en el último minuto.

Los domingos, en horas muy tempranas, después de desayunar con el profesor Jarauta hablando de lo divino y humano, paso unas horas buscando libros en el mercadillo, junto a mis amigos Pascual Ballesta y Joaquín Medina. Y son tan buenos amigos míos, que silentes y extasiados, escuchan la narración de pasajes de mi vida y acontecimientos vividos, que quedarán también incorporados como un «fugitivo fuego fatuo» a esta escenografía que nos circunda de tiempos pasados y almoneda, como si me hubiese transfigurado en un narrador oral de la Xemaá El-Fná de Marrakech.

Los que coleccionamos cosas del mercadillo es porque estos hallazgos nos ayudan a comprender el pasado, ya que en los libros antiguos hay un valor añadido y es que su contenido siempre es novísimo, siempre refulgen. El libro es intemporal y en consecuencia siempre estará vivo. Esos libros, centenarios o no, han salido indemnes de mil batallas y aún siguen viviendo. Los de buena familia acomodados en bibliotecas y los huérfanos son estos que deambulan por los mercadillos, depositados hoy en el suelo sobre una tela mugrienta.

El domingo que es el día de los paseos tranquilos y todas las horas son tuyas, también es el día en que se instala el mercadillo murciano de antigüedades, rastro, coleccionismo, libros, ruinas de recuerdos familiares, postales, artículos diversos, objetos kitsch y otras piezas de interminable numeración. Está ubicado en el plano de San Francisco lindando con la balaustrada del río, desde el Molino de Roque hasta el Puente Viejo. Este espectáculo gratuito dominical, lejos de ser un lugar de piezas cadavéricas es un espacio de plenitud donde se asocian libremente memoria y ficción. Allá donde vayas, en importantes ciudades o en cualquier otro rincón del mundo, encontrarás mercadillos dominicales o puestos callejeros como los de las orillas del Sena paseando por París y donde quedarás incorporado a ese paisaje para siempre; el mercadillo de Sablón en Bruselas; el de Portobello Road en Londres. En cualquier otra vieja y remota ciudad y en cualquier rincón escondido, siempre estarán almacenados y aguardándote los más diversos objetos que tuvieron una vida anterior.

En un mercadillo dominical cuando ves artículos de otra época, no sólo te dejas dominar por la emoción de la nostalgia; lo haces también idealizando el pasado en estos tiempos de futuro incierto, sin importarte demasiado si ese tiempo pasado fue mejor o peor que este. Tuve un tiempo en que fui coleccionista de todo. Primero parecía un chamarilero angustiado en busca de minúsculos tesoros, inquieto ante la posibilidad de que otro, adelantándose, me los arrebatara. Después del chamarilero y chatarrero vocacional que fui, acumulando cosas tan diversas, mi mujer amenazó con el exilio a todas mis colecciones y a mí mismo. ¿Qué hubiera hecho usted? Se templaron mis impulsos. Sigo conservando la misma ilusión, pero hoy me ha llegado la paz y serenidad en ese afán de posesión de todo lo que allí hay y que está diciendo: «Sálvame, Adolfo», porque he comprendido que todo eso sólo es el espejismo de un mundo desaparecido.

También hablo con los vendedores que son verdaderos especialistas; otros, con ínfulas de anticuarios y expertos en arte y algunos otros ejerciendo este oficio de pan llevar con la esperanza de encontrar algún pequeño tesoro al desamueblar el piso del último muerto. Todos ellos son gente de gran calidad humana y amigos míos muy queridos. Que disfruten ustedes mucho, aunque no encuentren en el mercadillo el tesoro soñado. Quién sabe si al domingo siguiente, encontrarán ustedes una primera edición del Quijote o un dibujo del Tiépolo traspapelado en un libro del siglo XVIII. Pero esa es otra historia.

13 de mayo de 2017

ELOGIO DEL BALCÓN

Indebidamente alguien definió como guerra a esta pandemia creada por el coronavirus chino. Aquí no hay bombardeos, ni crueldades inhumanas inferidas por sanguinarios combatientes, ni ciudades destruidas. Esto es mucho más sutil y tiene otras características. Es la primera pandemia mundial sufrida simultáneamente por toda la raza humana acompañada de una grandísima recesión económica. Este Covid-19 no es otra cosa que esa dama apresurada llamada muerte que ha llegado con toda urgencia y sin distinciones, para arrebatarles la vida a los viejos. Ese dedo justiciero, solo por serlo, los señala denegándoles el bálsamo de la buena muerte. Probablemente también morirán solos, sin que sus seres queridos puedan tomar la mano del adiós.

Pendiente de un hilo el mundo será a partir de ahora la antecámara de una vida distinta, con menos disfrute de cuanto antes teníamos. Lo presentimos en nuestro fuero interno. Menos mal que el espíritu del ser humano sabe siempre sobreponerse a la adversidad y activa mecanismos salvadores. En estos tiempos de confinamiento y soledad donde se nos prohíbe hasta besar y abrazar a hijos y nietos, hemos activado el recurso de comunicarnos unos con otros desde el balcón. El balcón es nuestra nave salvadora. Debemos aceptar que nuestro incierto futuro colectivo no es cosa nuestra, no depende de nosotros, sino que está en manos de los Maduros y Bolsonaros, en sus distintas versiones, y así nos va. El balcón o la ventana han venido en nuestra ayuda para mitigar nuestros miedos ante esta catástrofe, concediéndonos solo unos minutos de libertad para que desde ese escaparate, y fuera del control del poder, podamos aplaudir o golpear las cacerolas como remedio para vencer el miedo.

En este tiempo de confinamiento cuando campanean las ocho en punto, salimos aplaudiendo frenéticamente desde el balcón, —convertido en altar cívico—, mientras nuestro yo se transforma en un nosotros. Aunque no precisemos bien los rasgos de los rostros cercanos o lejanos de los del otro balcón o ventana, ese escenario será el lugar donde cristalice un sentimiento humano común. También nos daremos cuenta de que después de tantos años de vecindad, no nos conocíamos, hasta que comenzaron estas citas vecinales para aplaudir a las ocho en punto de la tarde. No hay nada de exhibicionismo en esta cita del aplauso de balcón a balcón; solo es la exteriorización del desentrañamiento del miedo mutuo y la gratitud hacia quienes velan por nuestra salud; por eso aplaudimos juntos como navegantes del mismo barco durante ese ritual vespertino del balcón. Con este gesto estamos ratificando que nuestros miedos y angustias son los mismos que sufren los del otro balcón.

En este breve ensayo sobre el balcón, también debemos destacar la importancia que tiene la ventana para aplaudir. La ventana es la otra alternativa de los descomunales edificios de hoy, donde su pequeño tamaño desvela las exiguas dimensiones de los espacios habitables que hay detrás de esas ventanas. Sin embargo, la ventana también tuvo su tiempo de esplendor. Fue Le Corbusier, el padre de la arquitectura moderna, el que inventó la «fenêtre longue» allá por los años veinte, coincidiendo con la «belle epoque», que eran ventanas anchas y tan grandes como el mismo horizonte. En Granada prefieren las ventanas enrejadas en la planta baja para que esa reja marque el misterio y sea la frontera durante los ardientes requerimientos de amores. La reja se convierte en un baluarte que defiende la castidad de la doncella y frena las tentaciones de la carne. Dice el tanguillo granadino: «Niña asómate a la reja,/que te tengo que decir/un recadito a la oreja». Hay también ventanas solemnísimas como la que tiene el Papa en el Vaticano para rezar el ángelus e impartir sus bendiciones «urbi et orbi» dominicales.

Las enormes y riquísimas balconadas de los más suntuosos palacios del mundo tienen otra función bien distinta al uso de nuestros humildes balcones familiares de hoy, que solo sirven para mirar y aplaudir. Esas grandes balconadas no son para aplaudir, sino para que te aplaudan. Así lo entendió Franco, que desde la gran balconada del Palacio Real en la Plaza de Oriente pronunció encendidas arengas en ocasiones excepcionales. Aunque nada en el mundo superará a la gran balconada del Palacio de Buckingham en Londres, durante la celebración de las solemnidades protagonizadas por la familia real británica en pleno.

El 23 de octubre de 1977, desde la balconada del Palau de la Generalitat que da a la plaza de San Jaime, mi gran amigo el President Tarradellas pronunció esta frase histórica: «Ciutadans de Catalunya: Já soc aquí». ¡Cuánto le echamos de menos! A horas muy avanzadas de la noche, en los primeros días de septiembre de 1983, yo vi al buen obispo Azagra en calzoncillos cuando estaba escribiendo en su dormitorio con el balcón abierto. El balcón abierto y una grúa hidráulica potentísima de los bomberos facilitaron la sorpresa. Pero esa es otra historia.

Nunca, ningún otro balcón me ha conmovido tanto como aquel narrado en forma de jota murciana, con el título de «Huertanica de mi vida», que es el canto final de «La Alegría de la Huerta» de Federico Chueca, cantada por todos los grandes tenores: Pedro Lavirgen, Plácido Domingo, Ginés Torrano… Mi corazón vibra aceleradamente cuando oigo: «¡Sal nenica, sal / sal nenica a tu balcón / y verás que pronto / se pone alegre mi corazón!».

Tengo también otros balcones donde ocurrieron hechos memorables alojados en mi memoria. El balcón que se derrumbó arrastrando a varias meretrices de una mancebía en la Cuesta de la Magdalena. Cuando informaron al otro obispo llamado Ramón Sanahuja y Mercé de los hechos, sus asesores lo hicieron con circunloquios discursivos, describiéndolas como mujeres licenciosas de vida airada. El obispo abrevió diciendo: «Pobres putas, pobres putas». Los privilegiados balcones del piso de la Plaza de Belluga del murcianazo doctor Joaquín Ortuño Mirete, nefrólogo de fama internacional, donde cada Viernes Santo reúne a sus amigos para que veamos a los Salzillos pasar. Pero de todos los balcones, el balcón soñado durante mi romántica adolescencia de Romeo, siempre fue el balcón de Julieta esperándome en su palacio de Verona, aquel que reiteradamente quise escalar en las noches de luna clara. ¡Qué daría por escalarlo hoy, con mis bríos de ayer!

9 de mayo de 2020

AQUEL MAYO DEL 68

Cincuenta años han pasado desde que los jóvenes tomaran la palabra, la Sorbona, Nanterre y París. Revolucionaron Francia y consiguieron también cambiar muchas cosas en el mundo. Empezaron protestando contra la sociedad de consumo y de paso crearon el movimiento hippie. Después se desencadenaron las protestas, se sumaron los obreros y llegó la huelga general. Charles De Gaulle, forzado por esa inmensa insurrección prerrevolucionaria, en una alocución radiofónica, anunció que no dimitiría, disolvió la Asamblea Nacional y convocó Elecciones Generales, celebradas días después.

En 1968 comenzó otra era, otra forma de ver el mundo. Ese espíritu del 68 parisino, coincidió con la explosión de otros históricos sucesos. También se convulsionó EEUU con los movimientos contraculturales beatnik y hippie, y se celebró la marcha por los derechos civiles liderada por Martin Luther King, asesinado en abril del 68. Así ocurrió también en Méjico con el movimiento estudiantil que generó las manifestaciones más multitudinarias del siglo XX y una represión sangrienta. En Checoslovaquia, reclamando un «socialismo con rostro humano» durante su Primavera de Praga. O en Polonia, donde la lucha contra el autoritarismo, de paso, provocó la caída y desmoronamiento de todo el bloque soviético.

¿Y en España que pasó? «Spain is different», decíamos. Masiel ganó Eurovisión con «La, la, la»; Raimon conquistó las universidades con sus masivos conciertos; ETA culminó su primer asesinato matando a un guardia civil; el gobierno cerró el periódico «Madrid» y los grises hicieron horas extraordinarias cortando las carreras callejeras, al grito de: «No me formen corrillos, no me formen corrillos. ¡Disuélvanse, coño!» Cataclás. Y entonces, unos pocos, gritaban: «Amnistía y libertad» y «Presos políticos a la calle».

¿Y qué ha quedado de todo aquello, además de los graffitis legendarios? ¿Y de su espontaneidad y desmesura, y del frescor de su provocación impertinente; del «Sartre, sé breve», cuando este tomaba el megáfono? Aquello que hizo temblar a la sociedad francesa de su tiempo, ¿sólo fue un imparable deseo de cambio, una respuesta al pesimismo intentando reformar la manera de hacer política, una fuente de ideas y de vitalidad? Sí, quedaron la idea de libertad, igualdad, feminismo, inconformismo. «Sed realistas, pidamos lo imposible», «Prohibido prohibir» y «La imaginación al poder». Tenía yo 32 años. Un mes más tarde, me fui de vacaciones a París. Allí estuve a los postres en la Sorbona, Panteón y la Brasserie Lipp.

Al conmemorar esta redonda efeméride del 50 aniversario de aquel mayo del 68, no se claramente si lo que pretendo hoy es resucitar un fantasma, o entretejer una inevitable evocación histórica de un aniversario tan sugerente, enlazándolo con la realidad de ahora mismo. En España hoy todo está ardiente y convulso, menos la juventud aquella que fue la levadura y el motor del mayo francés. Aquí sería hoy muy saludable ver a miles de jóvenes manifestándose pacíficamente, sin más armas que sus ideales y compromiso cívico, cuando el resto de la sociedad española duerme, anestesiada en su conformismo y pasividad. Sería un gesto extraordinario y una lección que debiera repetirse.

Los jóvenes han sido los más perjudicados por la crisis económica sin que al día de hoy se conozcan planes concretos, ni qué medidas se están adoptando para mejorar su incierto presente y futuro. Todo se agrava por la inminente destrucción masiva de empleo con la robotización. Aparentemente el mundo de los jóvenes es una balsa de aceite, pero no es así.

Algo muy extraño está pasando. Tenemos la impresión de que algún suceso grave pueda producirse, pero nadie lo advierte aún. Lo mismo ocurrió en el mayo francés del 68. Dos meses antes, «Le Monde», publicó en portada el famoso artículo «Cuando Francia se aburre». Denunciaba la desmovilización política, la inoperancia de los partidos políticos y el pasotismo de los franceses. Se equivocó. Dos meses después saltó todo por los aires. Bastó con la aparición de Daniel Cohn-Bendit, que en aquellos tiempos era el anarquista «Dany el rojo», y fue él quien prendió la llama de la rebelión. Cuando se ignora hasta las últimas consecuencias el estado de la mar, con las aguas profundas soliviantadas, siempre aparecerán la extrema izquierda y pospopulismos de derechas, asumiendo todo el protagonismo político.

Si yo fuera gobernante estaría seriamente preocupado por cuanto ocurre hoy día en España. Estamos sitiados dentro de un campo de minas. El enigma de hoy es saber qué pasaría si bajo nuestros pies estalla la primera, y después otra. El caos independentista catalán sigue agravándose sin iniciativa política alguna que aborte su crecimiento; los sindicatos que abdicaron de la defensa de los puestos de trabajo sustituyéndola por manifestaciones callejeras junto a los independentistas que los destruyen; los pensionistas alborotados en las calles; los jóvenes sin rumbo y casi sin esperanza; el PP desprestigiado, arrastrando sus escándalos; el PSOE desnortado y al borde del abismo; Podemos convertido de movimiento ciudadano triunfante en hospicio del PCE y muletero del independentismo.

Todos esos augurios, acompañados del malestar social e individual, escenifican crudamente la profundidad del desánimo español. Todo el mundo está descontento. Hoy los ciudadanos españoles han renunciado a su activismo cívico y compromiso personal, dejando toda la responsabilidad en manos de unos partidos políticos que sólo actúan en función de sus intereses grupales, con todas las consecuencias, nunca anteponiendo los de España. ¿No les recuerda esto aquel mayo del 68?

Analizada comparativamente la España de este mayo de 2018 con los sucesos narrados, resultan mucho más graves que los de aquel mayo del 68 francés. Nadie piensa, como «Le Monde», que pueda estar incubándose aquí una rebelión parecida cincuenta años después. En momentos de extrema gravedad, según enseña la historia, todo empieza lo mismo. Sin embargo, los finales son distintos. Cada uno termina cuando en la caprichosa ruleta, se para la bola.

12 de mayo de 2018

INSPIRACIÓN

La inspiración es una chispa que se enciende dentro de nosotros en un momento repentino y efímero, manifestándose como un súbito destello desde nuestro interior. Si no tomas rápidamente bolígrafo y papel para anotar esos pequeños relámpagos de inspiración en forma de ideas, reteniéndolas en pocas palabras escritas, de la misma manera que vinieron, desaparecerán volando como el olvido.

Para abandonar el precipicio de la decadencia que está ubicado en la cercanía del agujero negro, el método recomendado más eficaz, pudiera ser el de recluirse uno en sí mismo poniéndose a escribir antes de que el mundo se despierte. Ahí estará esperándonos la inspiración, y es donde aprenderemos a cultivar un retiro interior activo desde ese mundo del silencio, protegidos de las miradas ajenas.

En esa buscada soledad tan madrugadora, pero bien despiertos, es donde la inspiración se muestra más fluida, facilitándonos el hallazgo de las verdades subjetivas encerradas en los rincones de la memoria. Si consigues atrapar la inspiración, y es eso lo que buscas, volverás a ser protagonista de distintas generaciones donde ocurrieron cosas extraordinarias, y reaparecerán también sentimientos y gestas sobresalientes de cuando fuiste joven. Es entonces cuando cobran vida aquellos versos de Leopardi: «Cosí tra questa / inmensitá s´annega il pensier mio», («Así a través de esta / inmensidad se anega el pensamiento mío»).

Ese don de la inspiración en la escritura sólo está reservado a la creación literaria, pero nunca jamás le será otorgado a la columna política, ni al artículo político de fondo, por muy documentado y contrastado que sea el tema o la analítica abordada. Siempre se repetirán las mismas tropelías, frustraciones y desencantos, que hacen de ese género un campo estéril en su narración donde nunca florece algo que conlleve un brote de ilusión colectiva; de proyecto en común; ni donde nunca oirás cantar a todos los remeros la misma canción.

Después de tres o cuatro artículos seguidos hablando de política, siempre me ocurre igual. Una sensación de impotencia me invade al ver que los acontecimientos políticos van de mal en peor; las pérdidas de tiempo y energías desangrando a España; la convivencia deteriorándose cada día más en Cataluña. Esa es la política que no me inspira nada bueno, y es porque la política es una tarea desalmada que se nutre de personas secundarias, según nos dejó dicho el maestro Ortega.

Hace unos días elegimos a Diputados y Senadores. Mañana elegiremos a eurodiputados, diputados autonómicos y concejales. Mientras que no haya listas abiertas seguiremos votando a los partidos que cierran el paso a los mejores. La Región de Murcia regala gratuitamente escaños para formar Gobiernos, y a cambio nos devuelven diputados y senadores con esparadrapo en la boca, sometidos a los poderosos aparatos de los grandes partidos. Como premio, sólo nos darán el paseo triunfal de sus líderes por Trapería, exhibiendo su egregia figura en días electorales por este su cortijo murciano.

Las elecciones municipales y autonómicas a las que debemos acudir mañana votando en libertad, tienen el sabor de lo próximo y más que en las siglas, deberíamos fijarnos en los candidatos y en sus biografías personales. Son gestores de lo público lo que elegimos, no militantes recién salidos de las cocinillas de los partidos. Si no acertamos en la elección, después solo nos quedará el lamento, porque cuando se llega hasta ahí sólo desde la retórica y el voluntarismo, al acceder al poder llegará también una gestión pública fuera de control. Necesitamos concejales y diputados autonómicos, hombres y mujeres, con auténticas y profundas convicciones democráticas, comprometidos con la urgente regeneración de la vida política y suficientemente preparados, no desocupados ambiciosos y vacuos buscavidas. Sólo suprimiendo sueldos y dedicaciones exclusivas de miles de concejales y diputados autonómicos, aparte de ahorrar, facilitarían el acceso de personas de valía, con auténtica vocación de servicio público y aboliríamos la perversa y abusiva profesionalización política de hoy. ¿No hay nadie en las instituciones con vocación que actúe de forma altruista?

Murcia hoy es una ciudad superpuesta y agigantada sobre otras Murcias anteriores que desaparecieron para siempre fagocitadas por el tiempo. Sólo en la memoria existen aquellos carriles y sendas que te adentraban en el paraíso vegetal que antes era, con el agua bullidora de las acequias corriendo en paralelo con tu camino.

No quería abrir otra vez el debate que promoví con «Bicicletas y patinetes» que sigue sin resolverse, ratificándome en todo cuanto denuncié. En nombre de un falso ecologismo y modernidad, nuestro Ayuntamiento concibe la movilidad como una pugna entre bicicletas y patinetes frente al automóvil, otorgándole inmunidad a los ciclistas y despreciando al peatón al que maltrata privándole de su espacio natural que es la acera y el paseo, llenas hoy de anarquía donde se les arrolla ante la mirada distraída y autista de la policía municipal; y los carriles bici sin utilizar. Este es el paradigma del modelo de ciudad que han fraguado.

Veo que la inspiración empieza a caldearme y aún no he hablado de los diputados autonómicos que necesitamos para asegurar un buen gobierno de la Comunidad, cuando solo dispongo ya de unas pocas líneas más. Suficientes. Asfixiada por una deuda pública que la condena de por vida y de la que nadie habla, ocasionada por errores, infradotación, frivolidades y altanerías, auspiciadas por mayorías absolutas, nuestra Región ocupa los últimos lugares en casi todas las materias y sectores de las Regiones de Europa. No se conocen objetivos realizables programados; sin proyección exterior y carencias de entidad política dentro del contexto español; muda y petrificada en esta España de mercaderes políticos. Tanto los que han gobernado, como la oposición con su pasividad, son responsables solidariamente de esta situación real, con múltiples y graves asuntos durmientes. Aquí cierro la trilogía electoral. Primero fue «Reflexión», sobre las elecciones generales; después «Y ahora, Europa» y finalmente hoy «Inspiración». Es lo que nos falta para resolver el empate técnico entre PP y PSOE. Ojalá se nos encienda la chispa de la inspiración y acertemos con el voto correcto.

25 de mayo de 2019

APOLOGÍA DE LA BARRA DEL BAR

La barra del bar es el lugar donde exteriorizamos la alegría de vivir conviviendo unos con otros, sin que las ideologías contrapuestas perturben nuestra relación y siempre hay algo que celebrar. Clausurando las barras o desvirtuándolas en su propia esencia distanciando a los usuarios, crearía un desierto de insociabilidad. Cuando vemos una barra o restaurante vacíos, nos ponemos en guardia, porque es un síntoma inequívoco de que algo anda mal ahí. Si lo que va a nacer con el capullo este del coronavirus es la barra antivirus, será como lanzarle un torpedo a ese milagro de sociabilidad. Bien está potenciarla sanitariamente en sus condiciones higiénicas y cumplimiento de los requisitos antivíricos, pero sin desnaturalizar su esencia, ya que anularía los valores de convivencia y solidaridad que esa institución popular representa.

Una barra de bar de disciplina estricta reglada y con público reducido podrá ser menos contagiosa, pero no será una autentica barra donde habite esa alegría de vivir con la espuma de la cerveza derramándose desde el borde del vaso; la marinera haciendo ejercicios circenses sobre la rosquilla; las almejas al vapor seleccionadas con los dedos en el humeante plato compartido. Si a la barra le quitamos la cercanía humana y vamos con mascarilla de uno en uno, eso no será una barra, sino un entierro. Si eso fuera así preferiría quedarme en mi casa, ya que en imposición de higiene, manos limpias y no tirar ni gota de agua al suelo, no hay virólogo alguno que gane a mi mujer.

Si naciera esa barra antivirus, resucitaríamos como profeta a Edward Hopper. Miedo da cuando ves la desolación y alienación de las barras y bares silentes americanos, con seres robotizados como autómatas apoyados en la barra, pintados precisamente después del ataque a Pearl Harbor. Ahí, en la frígida barra de un bar, quedó reflejado para siempre el gran miedo de entonces. Esa visión de la vida urbana y humana que muestran a los personajes y la atmósfera pintada por Hopper en «Noctámbulos», es de la que debemos huir, y alejándonos, recuperaremos la vitalidad y alegría de vivir de nuestras barras españolas transmitidas de generación en generación.

En pocos años hemos perdido hábitos y cosas que han sido vitales secularmente para la cultura y arte de saber vivir de los españoles. A quien se reafirma como español, los esperpénticos y falsos progres lo llamarán facha. Según ellos, esa España no existe, por eso ya no somos españoles, sino autonómicos, que es una nueva especie humana de híbrido triste sin fuste, carente de referencias seculares. Yo mismo me estoy convirtiendo en un Peter Pan que vive perdido en este país que antes se llamaba España y ahora Nunca Jamás, gobernado hoy por el capitán Garfio y sus piratas.

Si ya no podemos ver desde la barra corridas de toros donde valerosamente se enfrenten las glorias del toreo, emocionándonos como antes hicieron Goya y Picasso; ni tampoco podemos escuchar en la máquina tocadiscos de los bares de carretera los sones de las coplas españolas porque ya no se llevan; ni a la Piquer con sus «Ojos Verdes», ni a Carlos Cano con su «Chiclanera», ¿qué futuro nos espera? Y si cada vez que vaya a entrar en la barra de un bar, primero me paran en la puerta tomándome la temperatura, después me formulan un cuestionario epidemiológico y luego me colocan a dos metros del otro, ¿qué se me ha perdido a mí en esa jodida barra?

Las barras españolas debieran estar catalogadas casi como templos, porque responden a todo lo bueno a lo que aspira el ser humano. En ese dinámico espacio se escenifica la alegría de estar vivo; la convivencia con el amigo, o con el desconocido de al lado que acaba de invitarte; el espumeante vaso de cerveza; el jugo absorbido de la cabeza de la gamba, o el matrimonio, ese gran invento murciano para disfrute de la humanidad entera. Las barras murcianas desde que Raimundo el del Rincón le dio talla internacional a la suya, se multiplicaron. Paco el Alias con sus «bañaos» de bonito escabechado deslizando a gran velocidad vasos gigantescos de cerveza en una barra interminable, sin romper ninguno; el Secretario con sus mojamas, y tantas otras barras murcianas de maestros del marisco y el salazón.

Todas las barras del norte y el sur, desde uno a otro rincón, proclaman el nombre de España. Las espectaculares barras de «Pintxos» vascos que despiertan la gula incontenible por beber y comer todo lo que allí ves; la generosidad de las barras granadinas, donde las tapas son gratuitas y solo pagas lo que bebes; los bares sevillanos con paredes de mosaicos y techos abarrotados de jamones formando un dosel que te envuelve en fragancias; frituras sabrosísimas de crujientes pescaítos de estero; los espetos de sardinas asadas en las playas malagueñas oreados con la brisa marinera; barras donde te pierdes entre vinos finos o manzanilla de Sanlúcar acompañados de cañaillas, cazón en adobo, ortiguillas de intenso sabor a mar y tortillitas de camarones. De todo esto y más hay en las barras españolas, por eso las prefiero a los restaurantes y atiborro a mis invitados cuando vienen a Murcia llevándolos de barra en barra. En eso nos diferenciamos Lúculo y yo. Lúculo era muy rico y servidor pensionista. Iban paseando juntos por Roma Cicerón y Pompeyo, cuando se encontraron con el sibarita Lúculo, al que Cicerón dedicó su «Académica» porque eran buenos amigos. Le pidió Cicerón a Lúculo que los invitara a cenar en su casa, rogándole que fuera sencilla. Lúculo organizó en el Salón Apolo —el mejor de los doce comedores de su mansión— una cena solo para tres, que costó la fortuna de 50.000 dracmas. Con una barra como las nuestras lo hubiera resuelto con poco dinero.

Eliot Ness derrotó al crimen organizado. Cuando quedó derogada la Ley Seca, lo primero que dijo fue: «Voy a tomarme un trago al bar de enfrente». Yo me voy corriendo a la barra del Café Bar Gran Vía donde celebro tertulia semanal con mis amigos Francisco Jarauta y Alejandro García. Ante un futuro tan incierto, decisiones como estas dos se agigantan como sublimes.

23 de mayo de 2020

METAMORFOSIS

Murcia es hoy una ciudad superpuesta y agigantada sobre otras Murcias anteriores desaparecidas para siempre. Las Murcias de Martínez Tornel, Jara, Frutos Baeza, Sánchez Bautista, o Carlos Valcárcel. ¡Aquellas Murcias tan hortelanas y enclaustradas! O la Murcia mía, narrada por décadas también cambiantes, como la de mi juventud temprana en los años cincuenta, o las décadas posteriores que fueron sustentándola y agrandándola, fagocitando los fecundos huertos familiares y los carriles y sendas que te adentraban en el paraíso terrenal que antes era, con el agua corriendo por acequias y brazales, junto a tu camino.

Toda la metamorfosis ocurrió día a día y no de la noche a la mañana, en fases de desarrollo y destrucción masiva hasta crear esta ciudad distinta, que también se llama Murcia como las otras, pero que en nada se parece a la otra Murcia en la que viví en décadas anteriores y ya no existe posibilidad alguna de recuperación. Ando siempre con mucho tiento para no confundir mis recuerdos idealizados de la Murcia de mi juventud, con esta de ahora, no sea que hablando de los problemas de hoy parta en mis análisis desde la visión de una ciudad mítica, ya inexistente. ¿Dónde habrá ido a parar toda la planificación cartográfica y las referencias que pudieran utilizarse en una imposible reordenación paisajística de ese reino de la naturaleza, de la Murcia idílica que yo viví como habitante de ese jardín ciudad inabarcable de verdor y agua? Cuando esto escribo, los recuerdos fluyen como un manantial y van sustituyendo continuamente esta Murcia actual y real, por la Murcia que fue, pero que ya solo existe en mi memoria, como mi juventud.

Antes, las ciudades eran interrupciones del paisaje rural. Murcia lo era mucho más. Fue en sí misma una ciudad jardín, un oasis lujurioso de frutas y flores circundado por un inmenso bosque de huerta y plantaciones para la que inventé un eslogan que la definió y dio la vuelta al mundo: «Murcia, huerta de Europa». Siguen utilizándolo, pero Murcia ya no lo es. Sin embargo, esa infraestructura murciana tenía dos núcleos de convivencia diferenciados, ciudad y pedanías, diseñadas espontáneamente así desde hace muchos siglos, es una simbiosis perfecta del hábitat que aún hoy día es un paradigma mundial. Las gentes siguen viviendo en esas pedanías que no solo se han librado del éxodo rural, sino que son lugares de nuevo aposento para muchos ciudadanos que quieren otro modelo de vida más sosegado y humano y donde tienen también todos los servicios necesarios. El problema es el agua.

Existe una tendencia mundial imparable. Los pueblos, los campos, y los enclaves históricos españoles que antes fueron señoríos, condados y ducados, se vacían. Todos huyen hacia las grandes ciudades. Dentro de treinta años dos tercios de los habitantes del mundo vivirán en grandes ciudades, porque «el orbe se ha convertido en una urbe». Las ciudades se han desbordado con la gran esperanza de miles de millones de seres humanos que se imaginan que el futuro está encerrado en una megalópolis. No es así. En la mayoría de los casos, las grandes ciudades son escenarios humanos de perdición, soledad y sueños rotos. Es verdad que en algunas ocasiones el sueño se hace realidad, pero muchas veces no. Aquí es al revés. Los de la ciudad de Murcia se trasladan a vivir en las pedanías, lugares más o menos pintorescos, idílicos o funcionales.

El paraíso murciano que siempre he narrado, refiriéndome a su anterior metamorfosis, siempre fue compatible con una Murcia dinámica. Murcia iba como un torpedo con su poderío industrial, conservero, exportador; con una sólida y ambiciosa proyección internacional, sin contaminación política como ahora, solo movida por su impulso empresarial y humano consiguiendo un imparable desarrollo. Implantada la democracia y la autonomía, y en nombre del progreso y la creación de puestos de trabajo, se perpetró la metamorfosis, y después con la burbuja urbanística, también llegó la crisis ambiental, laboral y económica. Esta Comunidad Autónoma asumió todas las funciones imprescindibles para que creciera el monstruo. Desde una mayoría absoluta arrebatadora, se alentó, protegió y promocionó la metamorfosis, dando apoyo institucional, o asumiendo el propio gobierno autonómico obras públicas costosísimas, aun impagadas e inservibles, y en otras, actuando como garante y hasta con medidas legislativas. Esa fue la verdadera metamorfosis, causante del salvaje endeudamiento que padecemos.

19 de agosto de 2017

DE LA VEJEZ

Algún día tenía que ser. ¿Por qué es uno tan reacio a reconocer que ha entrado en la tercera fase de su vida? ¿Acaso puedo ignorar que ya soy octogenario? Lo reconozco. También debiera ser viejo, pero como desterré de mi vocabulario esa palabra, a lo máximo que llego es a verme jubilado o un hombre mayor. No es que tenga el complejo del Dorian Gray de Oscar Wilde en su obsesión por la eterna juventud, aunque es posible que mi temor a ser viejo se fundamente en la esencia de que lo malo de la vejez es que dura poco, según dijo el filósofo italiano Bobbio.

Tengo la certeza de que ya no soy un joven en decadencia, ni siquiera maduro, pero de ninguna de las maneras me considero viejo, aunque la cronología me recuerde continuamente la edad. Vivo la última etapa de mi existencia, pero diariamente trato de construir un nuevo estilo de vida que me separe del sofá, del dominó y la quietud. Respeto a los que van allí, pero personalmente deploro los centros de viejos, que son absolutamente viejos porque huelen a crisantemo ajado y pachulí, y el ambiente es como de una sala de espera a ninguna parte, por lo que tampoco me encontrarán allí.

Aparentemente la jubilación es un simple acto administrativo al que se accede cuando firmas y te entregan un papel que te desactivará para siempre. Demasiado importante. Es el principio de algo distinto a todo lo anterior; una vida nueva cuya duración será más corta que la otra. Es también el principio del fin, antes de que tú mismo seas el protagonista de la velocidad del olvido y dejes de existir. Ese será el reto verdadero. De pronto, el teléfono deja de sonar de un día para otro. Ya no cuentan contigo. Estás estigmatizado. Ya no existes. Es el tiempo de tu reclusión en la sombra. De nada sirve tu experiencia personal, ni la lucidez de pensamiento, ni tus valiosos conocimientos, ni vivencias, ni el que no te equivoques ni queriendo. Les da lo mismo. La edad avanzada te excluye de toda actividad. Has llegado a esta nueva encrucijada y tu análisis más positivo será el de admitir que has conquistado la libertad y que todo el tiempo será tuyo. Cuando te jubilas el primer pensamiento es este: ya nunca más tendré que ir a trabajar. Es maravilloso. Pero rápidamente deberás huir de esa trampa, o quedarás atrapado en el quietismo.

Comienza la etapa en que debes descubrir una actividad que de sentido a esta nueva etapa de tu vida. Quieres participar y ayudar poniendo tu talento, tu experiencia, tu vitalidad, al servicio de los demás. Imposible. Todas las puertas te las han cerrado. España tiene más de ocho millones y medio de personas con más de 65 años en el trastero. Muchos de ellos, arrinconados, muy a pesar suyo. La sociedad española debiera cambiar su mentalidad en cuanto a la inutilización de los mayores por anticuada y estéril. Los que por edad ya han andado el camino, saben bien como se orilla el paso por el precipicio, por lo que la fusión de jóvenes y mayores es la solución para mejorar la vida económica, política, social y cultural de España. El derroche de experiencia y de talento en España es inadmisible. Se aparta a sabios profesores universitarios como eméritos en contra de su voluntad, y a médicos, justo cuando más saben y más generosos son; técnicos especialistas en toda la gama de la producción industrial y artesanal que desaparecen perdiéndose todas sus experiencias. Ocurre igualmente en todos los ámbitos de indudable utilidad pública impidiendo la transmisión de los conocimientos que han atesorado.

A lo máximo que llegamos ahora los jubilados, es a que los poderes públicos no nos mantengan angustiados con el incierto futuro del pago de las pensiones y recordándonos que el fondo de la hucha está vacío. A los viejos se les da pan y circo barato con los bailes que organiza el Imserso los domingos y llevándolos de viaje a Benidorm. Solo alimentan su alzhéimer social. Sea activo. Cuando el jubilado renuncia al quietismo y sigue mostrando curiosidad por todo, -si no le duelen mucho los huesos y soporta bien otros achaques-, es cuando puede tener una vejez maravillosa. Hombre, lo mejor sería nacer con ochenta años e ir rejuveneciendo como escribió Jardiel Poncela en «Cuatro corazones con freno y marcha atrás» o Scott Fitzgerald, con su máximo deseo de eterna juventud.

Desde Cicerón hasta hoy, todo el debate de la humanidad sigue girando sobre la vejez. Yo mismo, el día de mañana, aspiro a ser un viejecito en buen uso, pero ni un paso más que me someta a una decrepitud dolorosa y humillante. No estoy dispuesto a que me ocurra lo que a Titono, el consorte de Eos (la Aurora), en la mitología griega, que se olvidó de pedirle a Zeus la eterna juventud y cada día se hacía más, más y más viejo, hasta que, finalmente, se convirtió en cigarra, viviendo en una cáscara de nuez. Hasta ahí podríamos llegar. Eso sí que no.

26 de noviembre de 2016

LA PLAYA

Es en la playa donde descubrirás el imparable paso del tiempo, y con él, la erosión que ha sufrido tu cuerpo de un verano a otro. Se presentará despiadadamente en el instante en que te veas en bañador entre una multitud vociferante y contrastes el tuyo con los otros cuerpos vigorosamente jóvenes, recién llegados. Cuando mires a cada uno, y tú mismo te veas, harás un gran descubrimiento: la playa es el escaparate donde se escenifica y define con singular precisión lo que es la pura esencia de la democracia y la sociedad de masas orteguiana. La playa es la democracia sin disfraz. En la playa nadie puede ocultar sus imperfecciones, ni las heridas cicatrizadas. Nada se oculta, ahí está a la vista, a pleno sol. Ningún privilegio, ni posición social, ni el mucho o poco dinero que tengas, podrán ocultar la flacidez de los senos, el abdomen voluminoso, arrugas, bolsas en los párpados o la alopecia que vas exhibiendo. En la orilla de la playa todos somos iguales en nuestras propias imperfecciones y es donde quedarás atrapado, emparedado y sin rumbo, dentro de una lata de sardinas con apariencia humana.

Hace unos treinta años cuando te bañabas en la orilla de la playa, había multitud de peces que incluso se acercaban a ti acariciando tu piel. No lo he soñado, lo he vivido. Eran aguas cristalinas que años después las contaminaron. Cada veinte de septiembre, en el Mar Menor, —que es un mar pequeño y no una laguna como algunos cursis lo llaman ahora—, vivíamos el milagro de la abundancia en las bocanas de las encañizadas de La Torre y el Ventorrillo, en La Manga. En el Mar Menor, que es el hijo menor del Mare Nostrum, con el que está intercomunicado por esas bocanas, se celebraba el «Vol de Golas». Durante todo el año, menos ese veinte de septiembre, estaba prohibida la proximidad humana a las paranzas y carriles de caña que conducían a los peces engañados hasta el copo donde se purgaban ayunando, dejando limpias sus vísceras. Eran un manjar. Nunca comí algo tan bueno, fritas en chisporroteante aceite de oliva. Todo esto me lo recuerda Sinforoso Albadalejo, el sabio especializado en peces.

A las encañizadas sólo se podía llegar en barco. Ese día las gentes de tierra adentro tomábamos previamente al abordaje los barcos panzudos de todos los pescadores de San Pedro y La Ribera. Con el agua al pecho o por la cintura, formábamos un cerco como el ruedo de una plaza de toros, y sosteniendo la red, con grandes gritos, batíamos el agua estrechando el cerco hasta que en el interior del copo veíamos bullir y luchar en busca de su libertad, a cientos de magres y galupes, lubinas y salmonetes, mújoles y pardetes. Al final, ese preciado botín se distribuía entre todos los presentes. Eso se hacía en la orilla de aquella playa virgen. Si ya no existen ni el «Vol de Golas», ni hay playas vírgenes, y usted se niega a incorporarse al baño multitudinario donde se escenifican democracia e igualdad, me preguntará con toda razón, ¿es que ha renunciado usted al disfrute del mar veraniego? Ahí está la clave.

Al final hemos quedado solos el mar y yo. «Testigo soy de las venturas de ayer», canta Jorge Sepúlveda en su bolero «El mar y tú», que está sonando ahora mismo. Cada amanecer es enteramente mío cuando paseo solitariamente por su orilla. Paseo desde la penumbra de la «mezzanotte» de los antiguos navegantes, hasta culminada la plenitud de la luz. Ahí recibo el supremo don de un aire aún no respirado y el batir de las dóciles olas acariciando mis pies, mientras que los colores tornasolados van marcando el horizonte con toda celeridad, hasta quedar alzado el luminoso escenario anaranjado que recibirá en ese emergente tabernáculo, al Rey Sol. Esa es mi playa.

Bueno, no. La he mejorado este verano. Probablemente no exista otro lugar más apropiado en el mundo donde puedas fundirte con el amanecer como el espigón de La Mota, en la Puntica del Mar Menor, cuya función es la de ser frontera entre las Salinas de San Pedro y el Mar Menor. Con las primeras luces llegan también los bañistas enlodados que emergen de las salinas como lúdicos náufragos a la salida del sol. Este debió ser el Edén, el lugar donde Dios creó al hombre a partir del barro. En tres kilómetros, desde el Molino de Quintín hasta el de la Calcetera, se despliega un derroche de inimaginable belleza. Al despertar, junto a ti, recibirán a la aurora pobladas bandadas de flamencos, albatros y garzas reales que sobrevolarán este mar de policromías sobrenaturales. Como todas las cosas hermosas, esta no cuesta nada. Es gratis y están a un paso del hotel donde me albergo y comulgo con estos prodigios. Vaya rápido, no sea que anochezca.

15 de septiembre de 2018

POR QUÉ ESCRIBO TANTO

Cuando iba antes por las calles y veía un mendigo abatido, o un tullido con malformaciones mostrándome su deformidad a cambio de unas monedas, o a un alcohólico o drogadicto terminal de ojos vidriosos tendido junto al cajero automático, siempre apartaba mi mirada de ellos por dos motivos: uno por no parecerles un insolente misericordioso, ni un ser superior que tenía monedas y ellos no. El otro motivo era por puro egoísmo encubierto al no querer ver expuesta esa miseria humana. Hoy que escribo tanto hago lo contrario. Miro a los mendigos de frente, igual que a los tullidos deformes y a los autodestruidos por el alcohol y las drogas. Los miro respetuosamente de frente, para que al responderme con su mirada yo pueda ver qué piensan de mí, qué sienten ellos, qué opinan sobre este mundo mío viéndome limpio y trajeado camino de mi casa, donde comeré, me ducharé y dormiré, mientras que ellos continuarán ahí durmiendo en la calle.

Escribo tanto sobre las mentiras y engaños propagados por independentistas y populistas, especialmente cuando descalifican en su globalidad logros verídicos constatados sobre el pasado reciente español y niegan las conquistas sociales de entonces que hoy serían inalcanzables; obras públicas e infraestructuras hidrológicas gigantescas que vertebraron España. Y cuando menosprecian constantemente a la propia Transición que nos salvó del cataclismo y del enfrentamiento de las dos Españas. Esto me empuja a insistir dejando escrito mi testimonio vital sobre cuanto aconteció en la segunda mitad del siglo XX, porque yo estaba allí y lo vi, o participé y por si puede ayudar a alguien a entenderlo mejor el día de mañana.

Así es que cuando describo hechos y acontecimientos, a veces me he de presentar como protagonista y otras como testigo, procurando hacerlo siempre desde una discreta posición memorialista. Qué hacer con nuestros recuerdos es la pregunta que me estoy formulando en estos últimos tiempos y a la que pretendo dar respuesta ahora mismo. Debo escribir como individuo, testigo o protagonista de acontecimientos históricos de una época. Narrar mi propio recorrido vital, pero expresado en su dimensión pública y colectiva.

Antes no escribía, hablaba. Describía las cosas a viva voz dándole salida así a la memoria oral ejerciendo mi viejo y vocacional oficio de locutor de radio. De modo que era una narración fluctuante hacia delante o hacia atrás, y esa oscilación mecía los recuerdos hasta el olvido, mientras que ahora, al escribir tanto, fijo y perpetúo los recuerdos una vez que he reflexionado sobre los hechos acaecidos. De esta forma es como he asumido mi obligación de narrar lo que ocurre como un ejercicio de memoria colectiva de mi tiempo, y así lucho abiertamente contra las posverdades, ahora que imperan las mentiras. Estoy librando una batalla que tiene su origen en el dilema del poder de la palabra contra la palabra del poder. De eso es lo que escribo, del sentido y valor de las palabras.

Vivo también un tiempo de balances con cierta paz y ánimo de seguir activo y despierto, pero no puedo evitar el sentimiento de haber dejado cosas sin hacer o decir. Sin embargo, no me lamento. No pude realizar todos mis sueños, pero otros muchos sí colmaron y desbordaron mi vida en exceso. Hay días en que, pese a mi empeño, tengo pocas que decir, y sin embargo siento la necesidad urgente de contarlas, de escribirlas.

Es entonces cuando resucita el pasado en primera persona con la presencia de la sombra de la mortalidad y reconozco en mí mismo los deterioros e incomodidades que acarrea la edad avanzada. En ese momento crucial de la escritura es del que debo huir vertiginosamente sin mirar atrás. Cuando albergo la sospecha de que empiezo a tener más recuerdos que amigos vivos y mirando alrededor me siento como un extraño, suelto rápidamente el bolígrafo, me levanto de la mesa, recojo los folios y corro hacia el frigorífico donde tomo unos cubitos de hielo que deposito en un vaso junto a un estimulante licor para recuperar la alegría de vivir.

Cuando escribo soy muy autoexigente. A un solo artículo debo dedicarle varios días. Selecciono temas, investigo y después hago borradores previos, escribo, rompo, reconstruyo o guardo. Muchas veces incorporo recuerdos personales, vivencias propias o de otros. Todo mezclado. Es por eso que no cuento mi vida, sino la de todos. No son datos biográficos estrictos, sino que pertenecen a la memoria colectiva. Lo hago así para que no se olvide cuanto acaece en mi entorno, que es el mismo de todos, y para que mi propia experiencia personal pueda servir para algo.

Es decir, suelo contar historias verdaderas, temas de reconocido interés público, sin teorizar y otras veces con trazos autobiográficos para reforzar la propia historia común que narro. Si son de política siempre me llevan hasta la Transición y es entonces cuando resalto comparativamente la frescura política de aquel tiempo frente a esta farsa democrática que vivimos hoy, y sin quererlo, esas críticas adolecerán de cierto acento melancólico.

Durante media vida he vivido sometido a una dictadura, así que sé con exactitud lo que era aquella y lo que me da la democracia. Sé muy bien lo que es la censura y la libertad de expresión. Sé lo que hay que pagar con una u otra. Hoy mismo, en muchos lugares del mundo, por hacer lo que yo hago, matan o encarcelan a muchos periodistas por contar lo que está pasando, como hago yo. ETA lo ha estado haciendo hasta hace cuatro días. Escribiendo tanto, definitivamente he descubierto por qué es tan trascendente para mí escribir. No escribo para estar activo, sino que escribo para sentirme vivo.

24 de noviembre de 2018

LA IDENTIDAD PERDIDA

Hoy día grande de Salzillo, el doctor Joaquín Ortuño Mirete, nefrólogo de prestigio internacional y gloria de esta tierra, otro año más vuelve a reunir a un grupo de amigos en su casa de la plaza de Belluga. No existe otra atalaya mejor junto a la frontal balconada del obispado, para vivir el milagro de la resurrección de la verdadera identidad murciana, hoy inexistente. El viernes Santo nuestra identidad palpita en Belluga. No es una ensoñación instantánea, ni siquiera el regreso fugaz de un tiempo pasado, sino una experiencia única que vuelve durante las horas del paso de los Salzillos capaz de concederte el don de la identidad murciana, hoy arruinada y estandarizada.

Desde horas muy tempranas se vive una transformación voluptuosa que envuelve en luces, olores y sonidos hasta llevarte a la Murcia auténtica de ayer, lejos de esta despersonalizada de hoy. El trasluz proyectado sobre la fachada de la Catedral, la luminosidad de la plaza, el tañido de las campanas que baja desde la torre colindante, el azacaneo de la gente, el barroco en plenitud, el vértigo floral de la primavera, la síntesis mutable de fusión y descomposición de colores. Todo aquel que sepa aprehender esas vibraciones sensoriales y las atesore en su memoria, habrá recuperado el auténtico sentimiento de la identidad murciana hasta el año próximo. Esa vacuna anual te mantendrá vivo, siendo tú, y serás menos vulnerable.

El colorista y alegre folclore murciano de coros, danzas y rondallas que interpretaban numerosos grupos en escenarios idílicos, como el costumbrismo y formas de vida de la Murcia huertana ha cesado en su protagonismo, como la misma huerta, desaparecida de nuestras vidas sin dejar rastro. Son costumbres extintas, danzas que ya nadie baila, y hábitos que se perdieron salvo en exhibiciones esporádicas reducidas a un escaparate turístico y estereotipado que se representará durante las fiestas de primavera. Es el único recurso que nos queda contra el olvido de lo que fue otra forma de vivir. Las tradiciones y costumbres murcianas ya no se practican, se muestran de tarde en tarde como una representación zarzuelera de postal ajada durante el Bando de la Huerta, cuyo espíritu se ha transmutado ese día en una festividad sanferminera de ingestión etílica, con ambulancias a toda pastilla, en vez de corridas de toros.

A los que gozamos realmente del paisaje y paisanaje real de antes, nos invadirá la repulsa y la nostalgia; y los supervivientes de hoy, disfrazados por los grandes almacenes, vivirán el estereotipo de una identidad deformada, en nada parecida a aquel tiempo que la vida ya enterró. Esa identidad murciana solo será recuperable mientras que mantengas los ojos cerrados, escuchando en solitario determinadas músicas murcianas que te emocionarán sabiendo por qué.

Si desde la óptica individual nosotros mismos apreciamos esas carencias de nuestra identidad ¿qué podríamos decir del daño irreparable que está causando esta política de hoy a la región de Murcia? Día tras día con Murcia como portada de escándalos en la prensa española, cabeceras de telediarios, tertulias demoledoras de nuestro prestigio. ¿Cómo nos ven ahora desde fuera a los murcianos, a Murcia? ¿Cuál es la valoración actual que se tiene de Murcia, perdidas nuestras señas identitarias anteriores que han sido sustituidas por los escándalos, corrupciones e irresponsabilidades cometidas por una caterva de mediocres que padecemos como gobernantes y opositores?

Durante siglos, hasta hace unos veinte años, nos reconocían como laboriosos huertanos, expertos conserveros, pimentoneros y sederos. Fuimos líderes exportadores absolutos de productos vegetales frescos a todo el mundo; también en transporte refrigerado de mercancías por carretera… Hoy se nos identifica con la dilapidación, el desgobierno, la corrupción y como un dócil rebaño sumiso, no como «murcianos de dinamita» capaces de alzar la voz. Esto es lo peor de todo. Que no hacemos frente colectivamente a estos problemas, ni actuamos comprometidos y con valentía contra esta política y estos políticos que lejos de resolver los problemas los agravan y son incapaces de encauzar algún proyecto salvo los que se inventan de engaño y entretenimiento, en un declive de la Región que sigue el curso de un deterioro imparable.

La realidad del día a día de la política en la Región de Murcia nos demuestra claramente que todas las frustraciones y fracasos que van acumulándose son causa de un ejercicio nefasto del poder durante muchos años en manos de un solo partido incapaz de construir una política de unidad y de ofrecer iniciativas alternativas realizables. Solamente han estado ocupados en sus asuntos internos, sus carreras políticas profesionales y algunas veces también, en comportamientos censurables. Ante este tenebroso panorama que conduce a nuestra identidad colectiva hacia la marginación y la irrelevancia, nuestra otra identidad sentimental nos conduce a la dulce nostalgia del pasado.

14 de abril de 2017

LA TORRE

En mis largos paseos durante las primeras horas del día, acompañados de los fríos amaneceres de invierno, me detengo ante la Torre para contemplarla, mientras escucho la solemne sonería del toque horario campanil despertando a la vida y el fluir de la ciudad. La Torre marca el ritmo y es el símbolo que nos une como epicentro. Llegado el buen tiempo que es el resto del año, mis paseos discurren al atardecer y casi siempre los termino sentándome ante un velador callejero en la Plaza de la Cruz, hipnotizado por los cambios de la luz proyectada sobre la Torre y el ciclorama que forman los azules celestes del firmamento. Eso hago hasta la llegada del crepúsculo. La Torre como vigía, tarjeta de presentación internacional, atalaya que nos conmueve al divisarla desde la lejanía como faro del murcianismo. Siempre estará ahí. ¿Siempre? ¿Está segura la Torre?

Después de muchos años he vuelto a subir hasta el mirador de la linterna en el remate de la Torre, acompañado del Canónigo archivero Jesús Belmonte, máximo experto vivo conocedor de las entrañas catedralicias. Después de las dieciocho rampas he culminado el tercer cuerpo y he llegado echando el «guélfago», en lenguaje de huertano antiguo. Después vino lo peor, porque para acceder al campanario es imprescindible subir por una escueta escalera de caracol. Ahí están las veinte campanas, desde Santa Águeda, la más pesada, hasta Santa María, la más liviana. Y también la rotunda y solemne Nona, bautizada así por la sabiduría popular, encargada de marcar las horas. A mis años, sólo he podido llegar «a gatas», reptando y valiéndome de pies y manos, exactamente igual que hacía la vieja monja santa que sólo comía raíces, subiendo la empinada escalinata vaticana, en «La gran belleza», de Paolo Sorrentino.

¿Está segura la Torre? La Torre y el imafronte de la Catedral es una obsesión que siempre me acompaña, y naturalmente algún día tenía que estallar mi denuncia; pero no afrontándola como mera sospecha o corazonada y sí acumulando la mayor información posible suficientemente documentada. De modo que no utilizo el modelo del célebre artículo de Mariano de Cavia sobre el ficticio incendio del Museo del Prado publicado en «El Liberal» en noviembre 1891, de estilo tan en boga a finales del XIX, y si opto por el «J´accuse» de Émile Zola en «L´Aurore» publicado en enero de 1889, donde denunciaba el caso Dreyfus en carta abierta al Presidente de la República.

Nunca se hizo un sondeo geotécnico oblicuo a todo el perímetro catedralicio, ni especialmente al que afecta a la Torre para conocer su estado de cimentación, y en cualquier caso reforzar lo que indudablemente debe estar muy deteriorado. Se desconoce el estado de esa cimentación efectuada en 1520, —hace quinientos años—, por el sistema de hincado de pilotes de troncos de madera descortezados, colocados a saturación. Ese sistema fue el adecuado en su época para zonas de nivel freático alto o inundadas, como ocurría entonces en Murcia. Hoy el nivel freático está bajo mínimos, y los troncos de madera, al carecer de la humedad de antes, podrían estar carcomidos. ¿Es razonable que las instituciones responsables de su custodia no hayan detectado la urgencia de esa grave situación? ¿Es urgente o no una intervención, o seguiremos mirándonos el ombligo? Salvo los planos de alzado que levantó Alfredo Vera para sus libros sobre la Catedral y la Torre, depositados en el Archivo de los PP. Franciscanos de Murcia, no se conoce la existencia de otros. En cuanto a lo que atañe a la ornamentación de las fachadas e imafronte no existe documentación catalogada alguna de los referidos elementos, ni de las zonas dañadas por la erosión donde a simple vista se aprecia el grave deterioro de sillares afectados por el «mal de piedra», y no se subsanan, ni se actúa, ni se documentan. No están censados, ni identificados los relieves, volutas, capiteles, columnas, tondos, hornacinas, santos, pedestales, balcones y ventanales, ni las múltiples inscripciones que existen en todo el conjunto, que ni siquiera se restauran o transcriben. En otras zonas del imafronte de la fachada, —considerada la obra maestra del barroco español—, el colofón del relieve que lo remata, muestra a simple vista el daño de la erosión. Un desastre. Una dejación sin límites. Con los medios que existen hoy, bastaría la intervención de un sistema de drones que efectuaran una medición matemática reproduciendo todos los elementos existentes milimétricamente, salvaguardándolos y evitando así su irreparable pérdida por cualquier causa sobrevenida.

No quiero asustar, pero sí debo recordar que nuestra Región está enclavada en una de las zonas de mayor actividad sísmica de la Península Ibérica. Con cierta frecuencia todo el Levante español sufre terremotos de diversa intensidad. Desde su erección, la Torre sufre una marcada inclinación hacia Levante. No es que sea la Torre de Pisa, pero ahí está. Los cimientos ni siquiera sabemos cómo están. Ni los elementos de ornamentación están catalogados y en caso de cualquier movimiento sísmico, si sufrieran daños, no podrían restaurarse. Denunciado queda cuanto digo. Si la Comunidad y cuantos tienen autoridad no actúan con urgencia, allá ellos con su responsabilidad y nosotros con la pena.

Si algún día escucharan ustedes estrépito de campanas rodando por los suelos, recuerden los versos que John Donne compuso en 1624 y Ernest Hemingway utilizó como título en su célebre novela: «Nunca preguntes por quién doblan las campanas: doblan por ti».

15 de octubre de 2016

LA VENTOLERA DE LOS AÑOS

Cuando escribo del pasado intento hacerlo con neutralidad, aunque algunas veces destile cierta nostalgia, y otras puede que lo haga con cierta vehemencia, como si narrara una crónica sentimental alimentada de recuerdos de un pasado remoto desde un enfoque colectivo y un mundo probablemente añorado. Cuando miramos hacia atrás quedamos frecuentemente enredados en aquel verso de Jorge Manrique de «cualquier tiempo pasado fue mejor». Me pregunto hoy si cualquier tiempo pasado, ¿fue mejor? En algunas ocasiones idealizamos excesivamente el pasado añorándolo como perfecto, en contraposición con este presente repleto de inseguridad y desengaños. Cuando se idealiza tanto, también sería conveniente acordarse de los piojos, los sabañones, la falta de medicamentos que convertían cualquier enfermedad en mortal, la incultura y el analfabetismo del pasado. Como ven algo hemos mejorado.

El paso del tiempo se resume así. Cuando eres joven te crees inmortal. Cuando cumples medio siglo empiezas a inquietarte y a no comprender plenamente lo que te está sucediendo. Al rebasar los setenta todo pasa muy rápido y al llegar a los ochenta, de un día para otro te has quedado sordo; otro día la vista se enturbia y aparecen las cataratas; otro observas que cada vez te cuesta más trabajo levantar las piernas, y otra noche después, descubres que esas horas no son para el descanso sino para el insomnio. Donde hay que presentar batalla es en el control de la cabeza y la voluntad, para que no claudique la memoria, ni la palabra, ni el libre albedrío. Ese es el gran reto que debemos ganarle al tiempo, al tempus fugit. Llega un día en que los ancianos se esfuman desapareciendo de la vida urbana. Ya no te los encuentras paseando por las calles, ni en la terraza de un bar, ni parados ante un escaparate como pretexto para recuperar el aliento. No es que hayan muerto físicamente, pero sí cívicamente.

La ventolera de los años también llega acompañada de una gran privación que conlleva la pérdida del más glorioso placer de este mundo. Mientras que a los jóvenes siempre les quedará París, a los mayores sólo les quedará esta jaculatoria: «Señor, ya que me has quitado las fuerzas, quítame también las ganas». Y es que los de ahora también son otros tiempos. Ya no sucede como cuando Don Quijote le decía a Sancho que entrando en edad, con la experiencia que dan los años, estaría más idóneo y hábil para ser gobernador.

Si Don Quijote levantara hoy la cabeza y viera el actual panorama político con Trump de Presidente de EEUU y a Puigdemont en Waterloo, y tantos otros responsables de los asuntos públicos aupados en el podio, le diría a Sancho que desistiera de sus aspiraciones de ser gobernador, porque sólo con su actuación durante los siete días que gobernó la Ínsula de Barataria, se convirtió en profeta y modelo de los males y desastres que habrían de repetirse en tiempos venideros. Hace dos mil años, Cicerón, la cabeza más brillante de la Roma republicana, escribió uno de los textos más humanos y emocionantes legados por la antigüedad. Me refiero a su «De senectute», que leo reiteradamente atrapado por la búsqueda de ideas y consejos que den sentido al sinsentido de envejecer. Leyéndolo dan ganas de ser viejo, pero viejo como Catón: sano, inteligente y respetado. Ese es el modelo, mi prototipo de vejez, mi héroe. Y es que la mejor arma y terapia para combatir la vejez o la jubilación, en su abundancia de tiempo libre, es continuar activo como siempre, mientras que el cuerpo aguante. El propio Cicerón afrontó su tratado como una manera de resistir la ansiedad causada por su inactividad forzosa, le sobró tiempo para conspirar contra Julio César y se lió con una jovencita en el otoño de su vida, al mismo tiempo que nos recomendaba a nosotros paciencia y resignación como antídotos contra la vejez.

A la vejez se le puede llamar de muchas maneras. Borges la definió como «el ultraje de los años» y Caballero Bonald la ha calificado recientemente como una gran cabronada, y sin embargo yo, que soy mayor, creo que no soy viejo porque la mente, afortunadamente, aún la tengo lúcida. Avanzo en lucidez y retrocedo en andadura; dedico todo el tiempo al aprendizaje de escribir, a contemplar el milagro de la floración de los árboles, y a tomarle el pulso al mar para que no se me desmande. Lo más importante para mí ahora es ver el tiempo pasar.

02 de marzo de 2019

ESTA PESTE DISFRAZADA DE CORONAVIRUS

Como ahora tengo tanto tiempo libre en mi doble condición de jubilado y confinado, me he especializado en historia de las pandemias, el más grande azote de la Humanidad desde que el mundo es mundo. Todas han sido letales y aunque cíclicamente se presentan con distintos disfraces, persiguen el mismo objetivo. En sus reiteradas apariciones penetran por las vías respiratorias de los humanos para cargarse a medio mundo, o más. Ya les digo, las pandemias son como el Bolero de Ravel, esa melodía obsesiva repetitiva una y otra vez, en do mayor «in crescendo», hasta su estruendoso final en mi mayor. Del miedo creciente, al triunfo de la muerte.

La doctora en Filología Clásica y profesora de latín y griego, Aurora Amorós, me remite a Tucídides en su Historia de la Guerra del Peloponeso donde narra la peste de Atenas (430 a. C.), de efectos tan parecidos a este coronavirus de ahora. «No se recuerda —dice Tucídides— una peste tan terrible y una tal pérdida de vidas humanas, donde los médicos desconocían la naturaleza y origen de la enfermedad y careciendo de medios, fueron los primeros en tener contacto con los enfermos y por tanto, en morir». Igual que en 2020, sin mascarilla, ni gel que llevarme a las manos, como yo.

Dando un salto histórico llegaremos hasta 1348. Ahí estará la peste medieval, negra o bubónica. La terrible causante de la muerte de más de un tercio de toda la población europea durante ese periodo tan tenebroso, sórdido y devastador. Pero el más difícil todavía, se alcanzó con la llamada gripe española de 1918, la pandemia más devastadora de la historia humana, transformada en el virus letal que exterminó a cuarenta millones de personas. No pudo ser más trágico, porque la gripe española comenzó ese verano y enlazó con la Primera Guerra Mundial que terminó en noviembre de ese mismo año, por lo que deberemos sumar otros 17 millones de muertos.

He vivido tanto y tan intensamente, que no tengo necesidad de remontarme tan atrás, porque he sido testigo de múltiples pandemias que han causado las mismas o parecidas patologías y que, al igual que el coronavirus, siempre apuntaron a la misma diana fatídica: las vías respiratorias humanas. El pánico que provocaron la gripe asiática de 1957 con un millón de muertos, el ébola de 1976 y el virus del sida de 1980; la gripe aviar que nació en Hong-Kong en 1997 con las aves de corral contagiando a los humanos, y la gripe porcina de 2009 que vino de EEUU y mire usted por dónde, fue el hombre el que contagió inicialmente a los marranicos, y estos nos devolvieron la pelota.

Lo peor de todas las pandemias es que siempre vinieron acompañadas de la muerte, el hambre y la guerra, y hoy hay que añadirle la ruina económica creada, el paro indefinido y el éxodo global de los vencidos. A lo largo de la Historia casi todas las pandemias se interpretaron como un castigo divino infligido por los pecados cometidos por la humanidad. El responsable era un Dios terrible y justiciero, que además de matarte, te mandaba «in secula seculorum» a la condenación eterna. En estos tiempos del coronavirus Covid-19, en que las creencias están bajo mínimos, es difícil interpretar a quién deberíamos atribuir este castigo, si al de la espada flamígera no, podríamos atribuírselo al sistema agnóstico, ya que las pandemias siempre fueron igualitarias. Afectaban por igual a hombres y mujeres, ricos y pobres, doctos y campesinos, jóvenes y viejos. Como ven todos eran víctimas por igual. Nadie estaba a salvo, y aun estando sanos, morían en dos días. Ahora, no. Los elegidos son los viejecicos, con lo cual el sistema agnóstico aligera vertiginosamente la nómina de las pensiones.

Lo más grave de ahora es que la ciencia se ha quedado con el culo al aire en 2020, disponiendo de tantos progresos y medios. Incapaz aun de dar con la tecla de una vacuna después de tanto tiempo transcurrido; sin capacidad para remediar la escasez de estructuras; ni aplicando antes medidas preventivas; ni medicación adecuada suficiente para frenar la sangría humana y económica ocasionada por esta nueva y terrible variedad de «influenza».

Sé muy bien que esta puede ser la inevitable última encrucijada vital para muchos. Aquellos que nunca más volverán a vivir su pasada hora de «esplendor en la hierba». Pero, aun así, confinados como están, yo les recomiendo que no tengan miedo. «Huyamos, decían, sin saber que la peste irá con ellos», como les pasaba a los personajes de «La peste», de Albert Camus. No hay que huir despavoridos tampoco, evitando así que nos suceda lo del viejo cuento oriental. De nada sirve abandonar Bagdad y escondernos en Samarcanda, porque es allí donde nos esperará la muerte.

Al contrario. En estos días de confinamiento deberíamos descubrir el valor real de las cosas pequeñas y los bienes que nos están reportando. El confinamiento ha reducido a la cuarta parte la contaminación de las ciudades; las aguas de los canales de Venecia discurren limpias y transparentes; ha nacido el teletrabajo en muchas empresas; he aprendido a hacer las camas, poner y quitar la mesa, cargar y descargar el lavavajillas y reciclar la basura; he aprendido también a estar en casa sin aburrirme y a hablar mucho con mi mujer; salgo al balcón para aplaudir; mis hijos y nietos hablan en grupo con nosotros por videoconferencia; he terminado mi libro «Breviario de supervivencia» y todos los días le doy gracias a Miguel Gázquez, el repartidor de «La Verdad» que me trae el periódico y al Dios misericordioso por mantenerme vivo. Y aun así me falta tiempo. Véalo todo en positivo. Mientras que el cuerpo aguante.

28 de marzo de 2020

SARDAÑA, CAPITÁN DE PERIÓDICOS

«No hay mayor dolor que rememorar el tiempo feliz en la desdicha», le dijo Francesca a Dante en el canto quinto de «La Divina Comedia». Eso siento ahora cuando después de la durísima batalla, una suave brisa llegada a la terraza de su casa en la albufereta alicantina, acaba de llevarse la vida de mi amigo fraterno Juan Francisco Sardaña Fabiani.

Sardaña forjó una de esas biografías irrepetibles, cuyo modelo y gestas nunca podrá superar nadie. Desde la dictadura a la democracia fue el árbitro periodístico de una época tan trascendente como la transición política, y cuando el periódico decía la última palabra siempre lo hizo con firmeza e independencia. Así se ganó el afecto y el respeto de todos los colores en litigio, y algún sobresalto también se llevó.

Eugenio Scalfari, el mítico fundador del periódico italiano «La Reppública», nos dejó la definición más precisa, que le viene como anillo al dedo a Juan Francisco Sardaña: «Periodista es el que dice a la gente lo que le pasa a la gente». Ese fue el modelo de periodismo vocacional al que dedicó su vida entera. Con sus tres mosqueteros, García Martínez, Carreres y Enrique García Gallego, capitaneó un compacto ejército de redactores y colaboradores que conquistaron todo el sureste español; todos ellos, individual y profesionalmente, irradiaban un resplandeciente esplendor. Llevando siempre la iniciativa, el trabajo bien hecho y documentado y el mejor reporterismo en la calle, mezclando al periódico con los anhelos de la gente; vibrando sinceramente al unísono con sus aspiraciones colectivas, «La Verdad» alcanzó la más alta difusión, superando los cincuenta mil ejemplares que le convirtieron en el líder interregional del periodismo español. Difícilmente podrá repetirse esa gesta periodística que él capitaneó y cuya semilla le dejó sembrada Venancio Luis Agudo. Después, hasta su jubilación, le dio tiempo a fundar o dirigir otros siete diarios más.

Y aquí me tienen a mí ahora, en este momento del adiós. Mis palabras más sentidas son para Lola Ripoll, su mujer. Ni siquiera Agustina de Aragón le supera en heroísmo, porque ha tenido la entereza y valentía de darle todo su amor durante este calvario, cuidándolo y protegiéndolo. Y también para sus hijos María Dolores, Juan, Miguel, Jaime y Aurora, que le han acompañado en sus últimos momentos.

Con él se van todos los días alegres, las largas sobremesas nocturnas, los viajes felices e inolvidables junto a Lola y Concha que nos llevaron a lugares lejanos o a los recónditos paisajes de la Murcia profunda. Tantas historias comunes, personales y profesionales vividas, o proyectos conjuntos del periódico y la radio, como los Juegos Típicos Regionales de tan feliz recuerdo.

Aquí estoy debatiendo sobre el misterio de la vida y la muerte, creyendo que nunca podremos desentrañarlo, cuando de pronto lo descubro. Un día estás en tu casa, te vas andando hacia el hospital, y al siguiente desapareces para siempre.

1 de febrero de 2021

GARCÍA MARTÍNEZ, EL ÚLTIMO VIAJE

A cuerpo descubierto y con excepcional entereza, García Martínez ha sostenido frecuentes batallas contra la muerte estos últimos años. Salía de la Arrixaca y como buen maestro de periodistas, inmediatamente se sentaba ante el ordenador para escribir su Zarabanda; a los pocos días, vuelta a empezar con las UCI y las noches en blanco del hospital. Unos días antes de esta su última hospitalización, le oí reír abiertamente por última vez. Hablando telefónicamente sobre nuestros respectivos estados de salud, me comentó el grave problema que causa la alta concentración de potasio en la sangre. Desengáñate García, le dije, desde ahora te llamaré Don Potasio, y tú me llamarás Don Urea.

Hoy lo vamos a enterrar. Con él se irá también su bandera, la de un periodista de raza; el maestro del periodismo creador de una escuela; una vocación inquebrantable dispuesta siempre a defender la verdad en La Verdad; el hombre que siempre quiso ser de infantería y no director; la estrella que iluminó a esta Región durante toda la segunda mitad del siglo XX; el motor incansable que puso a este periódico en la órbita de los mejores de España; el corazón enardecido que escribió sus mejores columnas cuando hablaba de Jumilla y Murcia, o del maestro Julián Santos y las noches verbeneras de su juventud, o defendiendo espada en ristre cualquier acometida a los derechos inalienables de esta Región con toda la pasión de la que era capaz.

Todo eso se nos va hoy. Y a mí un viejo amigo del alma. Cada día voy entrando en un pozo cada vez más hondo y oscuro. Es un mundo de soledades. Se han muerto Chimo, el Sardaña, Perico Soler, Galiana, Ibarra y ahora el García, en muy poco tiempo. Mientras tanto, me quedo con Machado. «Y cuando llegue el día del último viaje, y esté al partir la nave que nunca ha de tornar, me encontraréis a bordo ligero de equipaje, casi desnudo, como los hijos de la mar». Adiós, García. Con nosotros queda tu gran obra que no viajará contigo.

26 de abril de 2022

EL RUISEÑOR DE PATIÑO

Cada día soy más consciente de que mi generación está en almoneda y el fallecimiento de cada amigo me produce un doloroso desgarro interior de mí mismo, un desprendimiento de algo que es imposible reemplazar. Sorpresivamente se me ha muerto de súbito José Garre Cánovas, mi médico de cabecera, mi amigo. Tengo repelús a las necrológicas y como trabalenguas a la palabra obituario. Por eso al escribir este artículo de ocasión de hoy sobre el último adiós al amigo fraterno, no lo haré como una elegía, o acaso tenga cierto sentido de elogio o alabanza, pero sí será como una apología sincera que cante su virtuoso modelo de vida.

El legado que nos deja José Garre Cánovas es el de un crisol donde supo fundir la bonhomía con sus profundos conocimientos médicos puestos al servicio pleno de sus pacientes, sin limitación de tiempo de consulta, volcando en ellos toda la sensibilidad y el cariño del que fue capaz durante muchos años de aciertos clínicos. Su perfil humano también fue coincidente con su vida real. Fue el prototipo de murciano integral. El mismo amor que derrochó por su vocación de médico, lo tuvo con el amoroso cuidado de su huerto. En Patiño, su patria vegetal, donde cultivó él mismo los más sabrosos tomates y desplegó el abanico de las mejores verduras murcianas, rodeado de sus cuarenta árboles de ese huerto familiar y en compañía de Cati, su mujer y sus hijas Adriana y Patricia, vivió y murió en paz. Este será el escenario soñado donde quedará escrita en el aire aquella sutil estela hebrea que dice: «... Y sobre su lecho/ haya paz. Amén, amén, amén.»

El día de su muerte, meteorológicamente, también fue un día triste. Amaneció lluvioso, y durante todo el día nos envolvieron densas nubes grises y el tedio dominical de las calles vacías sin caer una sola gota de agua. En el móvil aparece un guasap de Pepe Garre donde me anuncia personalmente que estará esperándome en el tanatorio de la carretera de Santa Catalina y en el posterior alboroque vespertino en el Bar Solara de Patiño para departir sobre las aventuras y desventuras que hemos vivido juntos.

Después del soponcio, del tanatorio y las lágrimas, me llegó la reflexión y el análisis. Nada de frivolidad. En ese último gesto se encierra su modelo de vida, su espíritu socrático. Lo dejó todo escrito y dispuesto para que Cati, su mujer, ejecutara su última voluntad.

También redactó la esquela del periódico en su modelo más reducido, solo como un leve «recuerdo que nos acompañe como un pilar, para relativizar la vida y la muerte», donde nos muestra ese afán suyo de pasar como de puntillas hasta el último instante del adiós, testimonio que me ha hecho meditar. Los que nos dedicamos a escribir, cuando asumimos la certeza de que ya somos viejos después de haber vivido tanto tiempo, erróneamente elegimos un camino distinto al del Dr. Garre asumiendo esa acción de recordar, convertido en el vano afán de ser recordados.

Mientras que su cuerpo se iba convirtiendo en cenizas, aún calientes, un grupo de amigos íntimos fuimos convocados al alboroque del difunto. Personalmente tenía la creencia de que esa institución murciana del alboroque solo servía para ratificar y cerrar el trato y acuerdos comerciales. Pues no. El alboroque de difuntos es un hábito secular, aún vigente, en lo que antes fue la huerta murciana profunda. Ese rito definitorio de su personalidad, tan murcianísima, fue el que nos dejó diseñado para su último instante de la despedida.

Ese alboroque fue todo sinceridad y emoción. Al final, a punto de desplegarse el manto azul de la noche, inexplicablemente, abrí la puerta de cristales del bar. El potente canto de los trinos de un solitario ruiseñor, posado en la rama de un árbol plantado en la acera de enfrente, nos fue dejando paralizados y conmovidos. Nunca había escuchado nada tan hermoso. Parecía que hablaba, nos decía cosas que entendíamos, trinos y notas sublimes que me hicieron llorar, una armonía y variedad tonal que nos envolvió a todos en una paz inmensa. Estoy seguro, como si me lo dijera con su propia voz Francisco Sánchez Bautista: «era un ruiseñor, no una merla, que ocupa un escalón inferior en la jerarquía canora, seguida por el jilguero».

Desde aquella tarde del alboroque he vuelto a diario a Patiño para escuchar al ruiseñor. Solo me faltaba saber qué me estaba diciendo, quién es y qué quería de mí. Esa vivencia la alterno leyendo a Pla y sus narraciones sobre el paisaje y el ruiseñor. Y también recitando la «Oda a un ruiseñor «que John Keats escribió para huir de la angustia humana, dejándose llevar por la alegría de su canto. Sin embargo, este canto del ruiseñor de Patiño a mí me ha narrado dos cosas: cómo debe ser el paso por la vida y lo que significó su presencia en este mundo para José Garre Cánovas. El ruiseñor de la tarde del alboroque se fue al día siguiente y ya no ha vuelto. Debe haberse ido a otro sitio con sus trinos. Ahora hay merlas, jilgueros y verdecillos que cantan en otra tonalidad.

12 de marzo de 2022

CABEZA, CORAZÓN Y CORAJE

Carlos Alcaraz será número uno del tenis mundial muy pronto. Ahora mismo es el lucero del alba que ilumina a la Humanidad en esta larga noche de tinieblas, alumbrándonos con sus valores humanos más que deportivos. La realidad es esta. Una pandemia llamada coronavirus que se ha llevado para siempre a gentes que estaban tranquilamente en sus casas, fueron andando al hospital y al día siguiente desaparecieron sin más; un cruel genocidio promovido por el criminal Putin y sus corruptos y acaudalados generales y oligarcas rusos, martirizando a Ucrania sin misericordia; la ruina económica que ya está llegando con múltiples secuelas que nos marcarán para siempre. Nos pasamos todo el día conectados a internet, pero al mismo tiempo estamos más solitarios que nunca. Basta con salir a la calle para descubrir nuestra soledad individual, mezclados unos con otros, convertidos en una multitud errante sin que nada ni nadie irradie una titilante y leve luz de ilusión y esperanza. Y mientras estaban acaeciendo estos tenebrosos sucesos en un mundo luciferino, llegó el milagro. Aquí está en carne mortal este muchacho de dieciocho años llamado Carlos Alcaraz, el nuevo y arrasador héroe que paseará por el mundo los nombres de El Palmar, Murcia y España, mostrándonos una serie de virtudes personales que parecían fenecidas y afloran grandísimos valores humanos al amparo de la trilogía que le marcó su abuelo: «Cabeza, corazón y cojones». Toda la vida me la he pasado coleccionando frases, versos y pensamientos sublimes. «Ya somos el olvido que seremos», de Borges; «No hay mayor dolor que rememorar el tiempo feliz en la desdicha», dijo Francesca a Dante en el Canto Quinto de «La Divina Comedia»; «No son las perlas, sino el hilo el que forma el collar», de Flaubert, que inspiró mi libro «Los Hilos de la Memoria». En esto llegó el abuelo de Carlos Alcaraz y acuñó la mejor frase de toda mi colección: «Cabeza, corazón y cojones».

Nuestro héroe confiesa que esa trilogía predicada por su abuelo se ha convertido en la norma de su vida y es el secreto que alimenta tanto triunfo. Este lema lo hago mío también, lo aplaudo fervorosamente y si de mí dependiera, ya figuraría dentro de una orla al pie de los escudos autonómico y capitalino, meciéndose sobre sus blasones. El corazón lo teníamos incorporado porque ya nos donó Alfonso X el Sabio el suyo, pero nos faltaban la cabeza y los cojones de Carlos Alcaraz.

Sin embargo, ya han aparecido las primeras críticas con la baba de esa jauría humana que es Internet, por haber utilizado la malsonante palabra cojones. Voy a cortar este asunto de raíz, acallando a tantos hipócritas que rasgan sus puritanas vestiduras. Los cojones que exalta el abuelo Alcaraz sólo significan que su nieto debe ser valiente, con arrestos suficientes para afrontar las situaciones difíciles. Esto es, debe tener coraje. Que Carlitos tenga coraje y firmeza para afrontar todo lo bueno y lo malo tratando a esos dos impostores como tales, según nos recomendó Rudyard Kipling en sus versos. Nada tienen que ver con la rancia concepción hispánica de «aquí mandan mis cojones», ni con la testosterona, ni con la terquedad, ni el macho alfa, ni la grosería. Esos son otros cojones malsonantes que están en las antípodas de los valores en que cree, practica o postula Carlos Alcaraz.

Y aquí viene el consejo de su otro abuelo murciano, que soy yo. Si todo es como digo, fuera los cojones. Llamémoslo coraje y olvidemos la palabra malsonante. La frase quedará así: «Cabeza, corazón y coraje». Esto es lo que a mi juicio quiso decir su abuelo consanguíneo. Aunque también es verdad que la frase queda más debilitada perdiendo el efecto de bomba de mascletá. De abuelo a abuelo. Tomemos el atajo. Muerto el perro, se acabó la rabia. Que se joda Internet.

Carlos Alcaraz no se cansa de repetir: «Aunque fuera número uno del mundo seguiría siendo el mismo chico humilde que soy». Y ese es su modelo de vida que antepone a su propia condición de deportista triunfador y es justamente lo que nos está fascinando. Su conducta personal está muy por encima de su mentalidad ganadora, drives, reveses, dejadas, restos y smash. Cuando pasen unos años, llegarán días difíciles en forma de Grand Slam, perdidos o ganados, y las lesiones corporales y desengaños. Cuando esos días sean llegados, estará montado en su cuadriga, y precedido de una multitudinaria procesión cívica, partirá desde la Porta Triumphalis hacia la Via Sacra y el Foro, hasta llegar al Templo de Júpiter. Detrás de él, deberá acompañarle siempre un esclavo sosteniendo sobre su cabeza una corona de laurel y le irá susurrando al oído: «Memento mori, memento mori», (recuerda que morirás).

Es verdad que el pasado nunca acaba de pasar, como dijo William Faulkner. Conocí a un locutor de radio que hace sesenta y cinco años vivió hazañas parecidas a las de Carlitos. Aproximadamente, ambos tenían la misma edad. Aquellos días sólo pensaba en ayudar y lograr la máxima solidaridad de toda España para Valencia, y de ese modo, además, consiguió el reconocimiento y gratitud del pueblo valenciano hacia esta tierra nuestra, que aún hoy día perdura.

Alcaraz no sólo intenta ganar triunfos personales; está culminando una vocación, superándose cada día con resultados imposibles; alcanzando metas que ennoblecen a la condición humana. Y otra meta más importante que le voy a descubrir ahora. Carlos Alcaraz se ha convertido en la imagen nueva de una Región de Murcia, joven y vigorosa, gracias a su condición moral y ética, triunfos y esfuerzos de cada día. Murcia es él. Todo eso nos está dando el joven murciano de El Palmar del que ya habla medio mundo. No cambies, Carlos. Ni te dejes manipular por los cantos de sirena que están al llegar. Y de vez en cuando, saca a pasear contigo a la bandera de España. Ella y tú. Y gracias por haber resucitado a esta tierra que ya olía a muerto.

23 de abril de 2022

EL PASO DEL TIEMPO

Después de tantos años vividos se ha activado en mí una nueva inquietud que me impele a escribir sobre el paso del tiempo como una nueva obligación de recordar, no por vano afán de autocomplacencia, sino con la esperanza de que las experiencias personales narradas puedan ser de utilidad a alguien.

Vistos con la perspectiva del tiempo mis dos últimos libros publicados («Los Hilos de la Memoria» y «Breviario de Supervivencia»), constato en ellos cómo se ha ido remodelando todo mi pensamiento, la forma de entender la vida y hasta los contenidos de estos artículos de ocasión. Como además he tenido la oportunidad de verle las orejas al lobo con graves contratiempos de salud, he aprendido ahora que lo más importante no es morir por las ideas, ni los engañosos eslóganes de la pocilga, ni perder el tiempo escribiendo vacuos artículos políticos, sino más bien, retroceder unos pasos para tomar distancia de todo lo que ocurre en la artificiosa y estéril política de hoy, exponiendo alternativamente reflexiones emocionales desde la biografía de una vida hecha. Ahora escribo sobre el paso del tiempo porque sé de lo que hablo y conozco de primera mano, ya que lo he vivido, sufrido o gozado personalmente.

Así voy relativizando el paso del tiempo y alimento una nueva vitalidad mental que me permite apreciar el excepcional valor de las cosas pequeñas y su disfrute, atrapándolas como nos recomienda Horacio, no dejándolas para más tarde; dándole prioridad al humanismo frente a cualquier otra opción posible y de vez en cuando escuchar el trino de ruiseñores y «merlas» en esos recónditos rincones que ellos y yo conocemos; también le exijo al tiempo meteorológico que vaya más rápido y se estabilice, para que mi amigo Martín Jodar y yo podamos reanudar la navegación nocturna en su pequeño barco, sobresaltándonos con las inesperadas estrellas fugaces desprendidas de la bóveda celeste en ese otro mar de estrellas que nos integra dentro del esplendoroso firmamento.

Parecen cosas pequeñas o de soñadores éstas que les digo y sin embargo es en ellas donde se contiene la norma de vida fundamentada en el pensamiento horaciano. Lo veo claro ahora desde el horizonte personal abreviado de mi futuro menguante. Llevo años entrenándome para vencer a la vejez vistiéndola de dignidad. Empecé por borrar esa palabra de mi vocabulario. La llamaba abstractamente paso del tiempo, madurez o hacerse mayor y estaba en lo cierto. Después escribí esos dos libros y sigo practicando las reflexiones y experiencias narradas para mantenerme alejado de la vejez, pero sí ha llegado la vejez corporal y debo aceptarlo con naturalidad.

Me dijo Marco Aurelio: «Todo tu ser se reduce a esto: el espíritu, la facultad rectora o «animus vivendi» y la carne». Cultivé las dos primeras, pero nunca pude controlar a la tercera, la carne corporal, porque el cuerpo me es ajeno y anda a su aire con enfermedades y contratiempos.

El paso del tiempo será el culpable de todos nuestros males cuando decida anidar en el interior de nuestro cuerpo, convirtiéndose así en el verdadero enemigo que estudiará el instante adecuado por donde debe atacar a los distintos órganos corporales para jodernos al máximo. Llegado ese momento se dará cuenta de que envejecemos, que se nos han debilitado las defensas, y nos atacará sin piedad en todos los frentes. Habrá triunfado el paso del tiempo travestido de vejez. Se acabó la fiesta.

Esta apreciación mía desvela el papel de lacayo interpretado por el paso del tiempo puesto al servicio de las Moiras y Parcas, que, en la mitología grecolatina, constituían la trinidad reguladora de la vida y la muerte de cada mortal. Él será el colaborador necesario causante del daño infligido con las enfermedades transmitidas al cuerpo humano, ejerciendo ese ensañamiento culpable, solo porque se ha hecho viejo. Yo le acuso de ser el causante de ese daño innecesario que nos inflige a todos en la fase final de nuestra vida.

Por lo demás, personalmente, no tengo ninguna otra queja sobre su conducta, muy al contrario, porque estoy viviendo mi atardecer con gratitud y serenidad. Ni tampoco lo hago culpable de los males de la Humanidad, porque en definitiva el paso del tiempo no es otra cosa que el discurrir de la vida misma abarcando los tres actos extremos de la existencia: nacer, vivir y morir. Por eso doy preeminencia a las ganas de vivir, al «animus vivendi» y he levantado un fortín dándole prioridad a las cosas que otros consideran superfluas o secundarias.

En estos tiempos de desconcierto y temor al futuro, la atención por lo aparentemente superfluo es lo más importante que podemos hacer para potenciar nuestras necesidades más profundas. Contemplar un paisaje;

disfrutar de un ramalazo de paz; escuchar los razonamientos de un niño; servir a los demás; saborear la lujuriosa carnosidad vegetal de los primeros albaricoques; escuchar a media tarde los mejores boleros de Plácido Domingo, Lucho Gatica y los Panchos, o los pasodobles interpretados por la Orquesta y Coros de «Voces para la Paz», o cualquier Banda de Música de pueblo; contemplar el mar o perderte en los bosques de Sierra Espuña de vez en cuando.

Como ven lo más importante para mí ahora es ver al tiempo pasar, pero además quisiera hacer algo importante como viejo activo y vital, igual que aquellos otros viejos gloriosos. Beethoven componiendo su «Gran Fuga»; Monet pintando sus mejores cuadros; Goya retratándose a sí mismo muy viejo y casi moribundo; Rembrandt burlándose de su propia maestría; o Verdi, componiendo su mejor ópera a los 87 años. En definitiva, aún sigo creyendo que no se trata de que seamos jóvenes o viejos, sino de lo que unos y otros hemos hecho con el paso del tiempo, largo o corto, que nos ha tocado vivir.

Perdonen ustedes. Mi mayordomo inglés me dice respetuosamente: «Milord, ha llegado la primavera». Dígale que pase sin demora, Charlie, le respondo.

7 de mayo de 2022

LIBROS

Esta semana coincidiendo con el Día del Libro se ha presentado el libro «Los hilos de la memoria» del que soy autor. Durante los dos últimos años he dedicado muchas horas a esa tarea, con la esperanza de que fuera leído después. Esa es la máxima aspiración del que escribe. Ser leído. Mientras que lo más temido es que, finalmente, te conviertas en el autor de un libro invisible, de un libro no leído.

Soy un aprendiz de escritor que emplea ahora su tiempo en cultivar con tenacidad los artículos periodísticos, ensayos y relatos breves. Todo cuanto escribo tiene un tono personal donde se perciben los recuerdos y sentimientos aposentados en la memoria. De modo que este libro está basado en el principio de que todo escritor debe partir siempre desde su propia experiencia. Así ocurre con Ramón y Cajal, Azorín, Plá, Vicent, Machado, Ortega, Piglia o Montaigne, fuentes en las que he bebido. He ido aprendiendo a mirar para describir las cosas pequeñas llegando a la convicción de que no hay nada insignificante.

No sé dónde podría clasificarse este libro que no es autobiográfico, pero si testimonial. Tampoco es un libro de misceláneas. Son relatos breves, como bosquejos para posteriores ensayos, que pueden ser leídos al azar, aparentemente inconexos y aunque parezcan distintos, todos ellos hablan de lo mismo: del paso del tiempo. Son como hilos sueltos de la memoria sobre temas comunes, historias de personas a modo de fotos instantáneas, costumbres, olores, emociones, recuerdos o sueños del pasado narrados con cierta melancolía, pero transmitiendo un hilo de esperanza y plenitud vital en la que el lector de edad avanzada se sentirá identificado dentro de ese paisaje narrado donde también está él.

El pasado es la memoria, el presente es el instante en que sucede algo muy fugaz, mientras que el futuro puede ser un cataclismo. En consecuencia, cuando llega el tiempo que anuncia la vejez, como la vida pasa tan vertiginosamente para todo el mundo, ya que en poco menos de un instante se va todo y termina, debemos saber que el pasado importa poco y el futuro menos. Sólo nos quedará la opción de vivir con intensidad la fugacidad del presente con plenitud y alegría, tal como nos recomendó Horacio.

Este libro llega a sus manos gracias al estímulo que me han infundido los profesores Francisco Jarauta y Javier Díez de Revenga, mis dos grandes amigos, de tan sólido prestigio internacional; a la ayuda de la Universidad de Murcia y la Fundación Cajamurcia; a Pictografía donde se editó, y también a «La Fea Burguesía» que se ha responsabilizado del proceso editorial.

En la Región de Murcia suelen ocurrir milagros de tarde en tarde, y así, en este ámbito tan estéril de la política cultural autonómica murciana, hemos tenido la suerte de que nazca «La Fea Burguesía», una flor en el desierto. Es un proyecto privado e independiente en la actividad editorial, con vocación de proyectarse fuera de la influencia del campanario parroquial. Francisco

Marín García, Fernando Fernández Villa y Francisco López Mengual son sus promotores y sólo con su esfuerzo personal y dinero han emprendido el viaje. La senda ya la roturó antes Diego Marín con esfuerzo y coraje profesional, limitado siempre por los molinos de viento. Si la ayuda autonómica editorial ha quedado restringida por el poder sólo para atender de manera arbitraria a círculos de influencia, no es un caso aislado que afecte solamente al libro. Ocurre en su totalidad dentro del ámbito de la creación artística en este páramo cultural y artístico a la que han llevado a la Región de Murcia. Pasa igual con los pintores, escultores, músicos, artistas y todo lo relacionado con la creación artística o cultural, a los que se les niega el pan y la sal.

Ahora, el proyecto cultural más importante que tiene entre manos la política murciana es la glorificación del pastel de carne, al que pretenden declarar Bien de Interés Cultural en su categoría de Patrimonio Etnográfico Inmaterial. Eso está bien, pero siempre que no creemos otro problema añadido con los catalanes olvidando sus célebres «Mongetes amb botifarra» (Alubias con butifarra), que merecen idéntica exaltación cultural.

No es de extrañar, porque en la Región de Murcia no existe política cultural alguna a corto y a medio plazo en infraestructuras culturales, salvo en aislados escarceos de algún Ayuntamiento ¿Cómo podemos exigir ayuda para la edición o distribución de libros, si la propia palabra cultura no se pronuncia porque está abolida por la política autonómica? Existe una Consejería cuya propia nomenclatura sitúa a la cultura en un cajón de sastre entre el Turismo y el Medio Ambiente. La culpa no es sólo del PP que gobierna en minoría haciendo lo que quiere. La culpa es de toda la oposición que lo permite. Por no tener, en la Región de Murcia, no hay ni Feria del Libro, enterrada hace años. Quizá sea la única Región española donde no hay Feria del Libro.

Federico García Lorca pronunció una vibrante alocución que casi sé de memoria. En Fuente Vaqueros, el pueblo donde nació dijo: «Yo si tuviera hambre y estuviera desvalido en la calle no pediría un pan; sino que pediría medio pan y un libro. Tengo mucha más lástima de un hombre que quiere saber y no puede, que de un hambriento. Desde aquí ataco violentamente a los que solamente hablan de reivindicaciones económicas sin nombrar jamás las reivindicaciones culturales que es lo que los pueblos piden a gritos».

«Los hilos de la memoria», el libro que he escrito «con la luz de la tarde», ya está en las librerías. Tómelo unos minutos en sus manos, porque si usted como yo se ha hecho mayor, es posible que encuentre en él respuestas positivas a las preguntas que se está haciendo en este momento crucial de su vida. Son claves para vivir el tiempo que nos queda.

28 de abril de 2018

ANDAR Y ESCRIBIR

Este vocacional oficio de columnista que tengo ahora y escribir, ocupan todo mi tiempo. En igual medida e intensidad la otra obligación diaria que debo observar es la de caminar. Ando largos paseos en cumplimento de una exigente prescripción clínica, que cierra así el círculo de mi agenda diaria. Sobre este supuesto, ¿por qué interrumpí la publicación de mis artículos de ocasión durante todo el mes de agosto tomándome vacaciones estivales, si siempre estoy de vacaciones desde hace años, en sentido estricto? Un error. Nunca había faltado ni una sola vez en mi cita con los lectores. ¿Por qué este año sí? Confundí el objetivo. No eran vacaciones de andar y escribir lo que necesitaba, sino desconectar de esta democracia española prostituida. En definitiva, quería olvidarme transitoriamente de la política estéril, pero no de lo demás.

Cuando tomo la palabra descubro la importancia que comporta la adopción de un compromiso cívico, crítico y activo, desterrando el silencio y la obediencia ciega como norma de vida. Todavía bulle calladamente en mi mundo interior cierto espíritu combativo, y albergo a veces la temeraria esperanza de volver a actuar en la vida pública sin saber cómo, hasta que, repentinamente, se enciende una clara luz que me advierte que ya estoy viejo para ir a las trincheras. Esa luz ha sido la responsable de mi parón agosteño. ¿Por qué entonces sucumbo y no dedico más atención a otros asuntos relacionados con la condición humana?

Este mes de agosto también he aparcado los largos y solitarios paseos por la orilla del mar esperando la salida del sol y he optado por la montaña donde todas las horas del día han sido tediosas y planas, regidas por el chirriante concierto interminable del canto de las cigarras. He diseñado un itinerario llevadero, evitando los grandes desniveles, pero caminando hacia la nada. He descubierto que los machadianos debemos reconocer nuestra derrota cuando transitamos en agosto por estos «Campos de Castilla», porque no es tiempo de melancolías, sino de luz y horizontes azules. Así es que lo dejo escrito con palabras de Alberti: «Si mi voz muriera en tierra, llevadla al nivel del mar y dejadla en la ribera».

El acontecimiento más notable que he vivido en agosto ha sido el de asistir a una boda de postín de las que se llevan ahora y resulta imposible justificar tu ausencia. Si me hubiera rebelado, hoy primer día de septiembre, ya estaríamos divorciados mi mujer y yo. Lleva meses precisando el vestuario, complementos y exornos femeninos en connivencia con sus hijas y no digamos nietas, verdaderas agitadoras en este tipo de eventos. Los contrayentes eran hijos de dos familias modestas que convocaron a más de trescientos invitados. Seguro que se entramparán con el banquete nupcial y las letras de la hipoteca del piso, su nuevo hogar, deberán esperar. En un restaurante con inmensos jardines y praderas se ha levantado una escenografía como si fuéramos a filmar una edulcorada película de Hollywood y donde han servido una letanía interminable de aperitivos contraindicados para mi salud, y no sé si la «ternera de Kyoto bañada en salsa de sésamo y algas», o el «congrio con azucenas y vinagreta» posteriores, me han dejado el estómago como una sandía a punto de estallar. En los tiempos en que debí pasar personalmente por ese trance de celebraciones nupciales, no se llevaba esto. Ni nada parecido. A lo sumo se culminaba con un ritual milenario, hoy en desuso, cuando los contrayentes salían de la iglesia, finalizada la ceremonia nupcial. Cada invitado recibía una bolsa de celofán con almendras, llamadas peladillas, y otra de arroz. El blanco místico y puro de la peladilla y el arroz símbolo de la fertilidad y la abundancia eran vaciados generosamente sobre los novios. Eso sí, los invitados se comían una que otra peladilla y después de eso, cada uno a su casa. Esa noche de nupcias los novios ni siquiera la pasaban en un hotel. ¡Qué va! Estaban ansiosos por llegar a su casica para estrenar su nueva cama. Eso hicimos mi mujer y yo. Así celebramos nuestro inolvidable banquete nupcial. Un lujo. Nos esperaba una mesa para dos con velas y un suculento pollo de corral asado en horno de leña, junto a la champanera, donde había una botella bien fría de «Non Plus Ultra» de Codorniu. Eso lo preparó un joven chef llamado Raimundo, sobrino de Pepe el del Rincón. La verdad es que comimos poco, teníamos mucha prisa. Después, sí. Durante el trasiego de la noche, poco a poco, el pollo y el cava se terminaron. Ahora el pollo solo es un producto industrial vivo que nada tiene que ver con el pollo mío de entonces, desde que Hoower, en su campaña presidencial, triunfara con su slogan «Un pollo en cada cazuela».

En los viajes de novios de ahora solo desean ir más lejos que nadie y pagar los hoteles más caros. Solo importa la distancia y el lujo en Bora Bora, Haití o Islas Fiji. El mío fue mucho mejor. Fuimos a Torrevieja, a una casa de planta baja que nos cedieron en primera línea de la playa del Cura. Era Torrevieja entonces un lugar idílico de pescadores con unas playas para cantar las habaneras, donde todos se conocían. Aquellos años del 61 fueron los del esplendor de las habaneras. Muy avanzada la noche, algunas veces, llegaba el mítico maestro Ricardo Lafuente con su orfeón y nos despertaba con su «Torrevieja» y también nosotros dos, tras la reja, cantábamos «eres embrujo, canto de amores» y otras que hablaban del mar, amores y desamores.

Ya ven que el mundo y la vida es más trascendente, y la política de hoy es una siniestra visión de la que he dimitido durante este agosto, como un respiro. No eran vacaciones de andar y escribir lo que necesitaba, sino contarles historias como las de hoy, tejiendo carambolas narrativas como en un juego de billar.

1 de septiembre de 2018

CARPANTA

Siguen pasando los días y en nada se modifica el nuevo perfil humano impuesto por la pandemia con el distanciamiento físico de unos y otros; aumenta el control absoluto de nuestras vidas a través de los teléfonos móviles que nos vigilan día y noche; crecen las desigualdades y se desboca el hambre causada por la destrucción del orden económico mundial; el precio de los alimentos básicos ha subido alrededor de un diez por ciento, y sobre todo, se han encendido simultáneamente todas las alarmas al ver cómo los rusos de Putin incendian o roban el grano almacenado en los silos; destruyen y minan plantaciones; bombardean e inutilizan todas las vías de producción y distribución de los cereales de Ucrania que alimentaban hasta hoy a medio mundo, cuando va la FAO y nos dice que más de ochocientos once millones de seres humanos pasan hambre severa en el mundo. Como estamos en pleno verano voy a permitirme una digresión abriéndole una puerta a la alegoría jocosa, muy del estilo de Gracián y la literatura del siglo de oro, cediéndole el protagonismo a Carpanta.

Después de nuestra guerra incivil y de una niñez de la que solo recuerdo el hambre, allá en los albores de la segunda mitad del siglo pasado, España despertó al desarrollo como un ciclón y pasó del hambre al pollo asado. Luis Suñer, el gran empresario valenciano de Alcira, creó la mayor granja de pollos de toda Europa, llamada Avidesa. Fue tan grande que hasta Franco fue allí para bendecirla. Allí nacían, engordaban y se desplumaban pollos por cientos de miles. Vivían todos ellos bajo el mismo techo en un rascacielos mastodóntico ubicado sobre una colina. Desapareció el pollo de corral, altanero y solitario, que solo disfrutaban las élites agrarias o del dinero de entonces, y en beneficio del pueblo que pasaba hambre, nacieron esos otros pollos, gregarios y enjaulados, sin tierra que pisar, conocedores solo de la luz eléctrica, encendida o apagada según el método preconcebido de genética artificial, pero nunca vieron la luz solar. Desde entonces todos los españoles menos uno, comieron pollo. Todos menos uno, digo bien. Ese uno era Carpanta.

Ya al final de la década del 50, el pollo de granja era el símbolo de la abundancia y preferentemente se comía los días festivos. Se consumían millones de pollos vengándose así del hambre pasada durante la terrible postguerra. El personaje ficticio popular de aquellos años se llamaba Carpanta y protagonizaba la historieta más aplaudida del tebeo Pulgarcito. Carpanta, más que un marginado, parecía un estrafalario marqués arruinado. Bajito de figura con prominente nariz, vestido con levita y cabeza cubierta con sombrero canotier, cuello alto con pajarita. Más próximo a Charlot que a Cantinflas en la indumentaria, vivía bajo un puente porque en realidad era un sintecho. Carpanta solo tenía un sueño, comerse él solo un pollo asado entero. Nunca se lo comió. Siempre que estaba a punto de clavarle el diente al pollo asado, le salían alas y huía volando, dejando el plato vacío. Me dice mi nieta Aurorita, profesora de latín y griego, que José Escobar, el inventor de Carpanta, debió inspirarse en la mitología grecolatina, donde Zeus condena a Tántalo al hambre y la sed por toda la eternidad colgándolo en un árbol cuajado de frutos, plantado al pie de un lago de aguas cristalinas. Ahí sigue sin poder comer ni beber.

Es evidente que además del hambre, a Carpanta le fascinaba como un hito inalcanzable la imagen de aquellos pollos gordos y asados de entonces, recién braseados y sin recalentar, dorados y crujientes, pero jugosos y tiernísimos por dentro. Los que se venden hoy en algunos asaderos de pollos, nada tienen que ver con los del tiempo de Carpanta, tan sabrosos y atractivos.

Estos pollos de los que hablo suelen venderse negros como el tizón, con su piel convertida en carbonilla pura; secos y recalentados, presentan un más que dudoso aspecto. Carpanta se echaría las manos a la cabeza si viera los de hoy. No se activan inspecciones sanitarias correctoras y continuarán vendiéndolos a pecho descubierto. Seguirán anunciándonos a simple vista qué harán cuando pasen por nuestro estómago, colon, páncreas e hígado. Hablo de pollos achicharrados, pero también lo hago extensivo a otros alimentos, como las tostadas de pan quemado que nos sirven en el desayuno de los bares, y las carnes y pescados cocinados con aceites requemados y recalentados en microondas. Es posible que una o dos veces no ocurra nada, pero sí está demostrado que las carnes demasiado quemadas son nocivas para el organismo e incluso pueden aumentar el riesgo de cáncer, porque al ser sometidas a temperaturas extremas generan automáticamente sustancias perjudiciales para el ser humano, «reconocidas químicamente dentro del grupo de las aminas heterocíclicas y acrilamida».

Todo el «in crescendo» de este artículo que empezó inocentemente con Carpanta, pollo y hambre, nos lleva a la conclusión final de que todo lo que está ocurriendo en el mundo es culpa de la improvisación e imprevisión en los aspectos básicos —y hasta primarios— que afectan al ser humano. El mundo de hoy está regido por la anarquía más feroz y tiene en su poder la bomba atómica más potente. Esto es lo que quería decirles hoy.

En este caso de la venta de pollos asados carbonizados me pregunto qué papel juegan la Agencia Internacional de la Investigación del Cáncer, la Agencia Europea de Seguridad Alimentaria, la Agencia Española de Consumo, Seguridad Alimentaria y Nutrición, la Sociedad Española de Oncología, el Programa Nacional de Toxicología, el Gobierno español y sus Ministerios competentes en esta materia, las Consejerías autonómicas y los Ayuntamientos, responsabilizados de la vigilancia y corrección de esta tropelía haciendo la vista gorda a todo el proceso de comercialización de los pollos carbonizados. Nada. Mucho ruido y pocas nueces. Y aquí me tienen a mí, soñando igual que Carpanta con comerme algún día un pollo asado, bien dorado, iluminado por esa mágica luz solar del atardecer que todo lo embellece.

18 de junio de 2022

SOY UN ALGORITMO

Resulta que no era ciencia ficción el mundo feliz de Aldous Huxley, y si una premonición asombrosamente precisa, próxima a la profecía. Los complejísimos sistemas computadores avanzan cada día más en sus descubrimientos y están poniendo en grave peligro la existencia del «homo sapiens», sustituyéndolo por el «homo digitalis». Bueno eso era hasta ayer. Hoy ya ni eso. Ahora somos algoritmos. Oscuras y potentísimas organizaciones nos están controlando día y noche. Encriptados en sus programas, los algoritmos espían, manipulan y condicionan todos los datos del ser humano convirtiéndolo en un autómata sometido a esas máquinas computadoras que con el secuestro de datos, agreden su privacidad y anulan su libre albedrío.

Al navegar por internet es cuando estamos expuestos a ese peligro. Los dispositivos electrónicos actuales forman una intrincada red que, inevitablemente, nos condiciona, nos hace pensar y reaccionar de una manera determinada para sus fines, aunque nosotros estemos convencidos de que esas decisiones las adoptamos libremente. Conforme avanzan los sistemas tecnológicos se agrava el peligro de la pérdida de la supremacía del ser humano que será reemplazado por las máquinas. Lo avalan los propios científicos: en el momento en que la inteligencia artificial supere a la humana,lo que los robóticos llaman singularidad, —cuya fecha no está muy lejana—, la robotización superará a los humanos. Esa revolución robótica ya está aquí llamando a la puerta. Acabo de saber que un sistema de Facebook, especializado en inteligencia artificial, tuvo que ser desconectado hace poco, tras descubrir los investigadores que había empezado a actuar por su cuenta. Los programadores humanos cometieron un error y los chatbots crearon su propio lenguaje con códigos para sí mismos. Facebook admite que no tiene manera de entender lo que dicen ahora esas máquinas. Han sido apagadas. Al mismo tiempo recibo otra alarmante información. El departamento de Matemáticas de la Universidad de Leicester ha descubierto nuevos algoritmos en los robots que pueden corregir inmediatamente los errores humanos y ya no nos dejan ni el derecho a equivocarnos. Díganme si eso no es el epitafio del libre albedrío del ser humano.

En la tablet y en el teléfono de última generación, cada vez que entro en internet y pregunto por algo, aparecen los «cookies» sin cesar. También sucede con mi ubicación física, con el podómetro cuando camino, cuando consulto un mapa, y tantas otras cosas más, aun no queriendo, o pulsando una entrada involuntariamente, esos datos, caen en manos de otros, siendo una amenaza para mi privacidad y seguridad. Lo saben todo sobre mí. Qué pregunto, qué pienso, cuando monto en coche, a donde voy, por qué calles, pueblos y países transito; con quien hablo, qué y donde compro; donde estoy en cada instante. Los «cookies» y otras técnicas actúan incesantemente y ojalá quedara todo ahí. Cuando utilizo internet ocultas organizaciones hacen negocio conmigo procesando mis datos, violentando mi intimidad, sin que pueda evitarlo, y se aprovechan de ellos vendiéndolos a compradores indiscriminados. La robotización del ser humano ya es un hecho. Ya está aquí, afortunadamente también para causas nobles en forma de brazos y piernas. Ahora son los chips implantados en un cuerpo humano como forma de identificación personal.

Los robots se han convertido también en el mayor enemigo del mercado de trabajo. Y cada día será peor, porque lo que sea automatizable será automatizado. ¿Hasta dónde llegarán los robots modificadores de la condición humana? Esa es la cuestión. Los sistemas de inteligencia artificial ya están acarreando consecuencias pérfidas en la creación de un nuevo modelo emergente de sociedad que modifica la decisión humana. Ese es hoy el acompañamiento algorítmico de nuestra existencia, donde esos sistemas son capaces de interpretar situaciones y decidir por el ser humano. Un día de estos tendré que hacer lo mismo que hizo el Papa Francisco, allá por 1.990, prometiéndole a la santísima Virgen del Carmen que nunca navegaría por internet, a ella que es la Estrella de los Mares. Que se vayan olvidando también de mí los algoritmos. ¿A dónde vamos a llegar? Antes, los viejos huertanos murcianos lo sentenciaban diciendo: «Hoy semos, mañana mósfera». Otros, que aspirábamos a ser próceres para toda la eternidad, decíamos: «Hoy semos, mañana táutas». Y ya ven, ahora solo somos simples algoritmos.

2 de septiembre de 2017

LOTERÍA DE NAVIDAD

Las voces de los niños del Colegio de San Ildefonso que cantan la letanía interminable de la esquiva fortuna, al entonar los números agraciados y la cascada de premios que conlleva la Lotería de Navidad tienen la cadencia y el mismo son de siempre al desgranar ese mantra navideño que empezó a escucharse en 1711 ya con más de dos siglos de historia. Año tras año se celebra esta liturgia tan poderosa que nos vacuna y es capaz de hacernos olvidar durante estos días el semblante estreñido y amenazante del President Torra, que es el prototipo del anticrisma navideño en su proclamación del odio. Así es que la sinfonía unánime de voces infantiles cantando el sorteo de la Lotería de Navidad, resucita hoy y resuena en la España real, separatista o no. No es que sea en sí mismo un pregón popular navideño en toda regla, sino que es un verdadero torbellino capaz de transformar esta España decadente de miserias políticas, en otra España idílica de confraternidad en la que unos y otros nos deseamos mutua felicidad.

Con la cantinela de la lotería ha quedado inaugurada la Navidad, y después vendrán la Nochebuena, la Pascua, las uvas y los Reyes Magos, y también la llegada del solsticio de invierno. No es que me guste el invierno, solo es porque certifica que ya falta menos para la llegada de la primavera. A partir de ahora, todos sin excepción, deberíamos estar obligados a vivir en plenitud este milagro navideño como una auténtica conspiración familiar y con el deseo de estar más unidos recuperando las desvanecidas ilusiones de la infancia, las costumbres y recuerdos de años pasados. Como, por ejemplo, la fusión de las voces de los niños que cantan el Gordo, mezcladas con el glúglú del glugluteo de las parvadas de pavos que pasaban por las calles de Murcia camino de los mercadillos callejeros navideños de nuestra niñez.

Lo malo es que también hay millones de personas a las que les acompañará el infortunio, no la suerte. Es el destino el que las tortura y engaña dándoles una participación numerada para otro sorteo luctuoso. No juegan al Gordo de los millones, porque el destino los elige para que les toque una antilotería cruel e inhumana que fatídicamente sufrirán. Es ese un sorteo indiscriminado que toca cuando menos lo esperas y adjudica premios terribles. La enfermedad, la soledad, el dolor, la pobreza, el paro, y otras grandes tragedias. Esos son los injustos y demoledores premios que reparte esa otra Lotería de Antinavidad, para los estafados que nada malo hicieron.

No todos tendrán fiestas navideñas, ni una casa con un abeto destellante, ni nada que celebrar, ni nada que comer. No cantarán ni el Jingle Bells, ni El pequeño tamborilero, ni aguilando alguno. Un año más llegará la Navidad de la crisis y recesión permanente, de la angustia del paro, de la desigualdad y de la esterilidad independentista catalana. Ya ve que hay otros mundos fuera del bullicioso gentío de El Corte Inglés y muchas personas infortunadas viven al margen de la ciudad encendida con sus fastuosas luminarias navideñas. Es probable que este año vivamos también la Navidad con menor sentido religioso y con mayor sentido comercial y consumista, superando a los anteriores.

Los más desprotegidos, espoleados por la urgencia del hambre y la miseria, solo tendrán estas puertas a las que llamar: las de organizaciones de la Iglesia Católica, como Cáritas, Jesús Abandonado y Proyecto Hombre. Cada día crecen las peticiones de ayuda en Cáritas formuladas por personas y grupos en situación de exclusión social, hombres y mujeres sin hogar, parados, ancianos, mujeres y niños, inmigrantes, drogodependientes y enfermos de sida a los que se atiende en centros de acogida, residencias de ancianos y sus comedores sociales, donde son atendidos por miles de voluntarios. Todo el plan de marginación y exclusión del laicismo imperante, quiere someter a la Iglesia Católica presentándola como una organización residual. Quedan en escandalosa evidencia, porque solo es la Iglesia Católica a través de sus organizaciones, donde a sus expensas, se atiende a los más pobres. Las únicas puertas donde los marginados pueden llamar, entrar y ser atendidos, noche y día son esas. Díganme donde están las del Estado, las Comunidades Autónomas y las de esos partidos políticos que en vez de llamarles hermanos les llama «gente».

Al hilo de estos días navideños es obligatorio denunciar estas cosas y decir que Cáritas, Jesús Abandonado y Proyecto Hombre son organizaciones de la Iglesia Católica cuya única meta es la de atender a los pobres, a los desheredados sin voz, a los marginados, a los que un orden injusto los priva de su dignidad humana, sin tener en cuenta la confesión, raza, ideología, género o etnia a la que pertenezcan. Cuando, según la FAO, más de 850 millones de personas pasan hambre en el mundo y más de trece millones de españoles están en riesgo de pobreza o exclusión social.

Hoy esperábamos que nos cayera el Gordo, como un bien supremo. Todo lo esperábamos del azar y habíamos menospreciado que la suerte nos acompaña otorgándonos otros bienes más trascendentes, como el estar vivos y no haber nacido en Eritrea, Yemen, Afganistán o Libia. A otros por azar, en el remolino del infortunio, le tocaron todos los males y están cerca de nosotros. Todo depende del azar. Bueno, todo no. Gracias a Cáritas aún tenemos la seguridad de que existen resquicios de esperanza y un mensaje de humanidad y conciencia.

22 de diciembre de 2018

NOCHEBUENA

Se supone que hoy, día de Nochebuena, debería comparecer ante ustedes revestido con zamarra de pastoreo, acompañado por el tamborileo de un viejo tambor, entonando al mismo tiempo tiernos villancicos del repertorio de Raphael. O, ¿acaso debería narrarles la emoción que suscita la ciudad que titila con millones de diminutos luceros led enmallados sobre el gigantesco árbol navideño? No. Entonces quizás tendría que recitarles a ustedes con mi mejor voz estos versos de Góngora: «Caído se le ha un clavel /hoy a la Aurora del seno: /que glorioso está el heno, /porque ha caído sobre él». La Nochebuena además de las íntimas y profundas emociones familiares y personales que tradicionalmente comporta; de la abundancia dilapidadora de excelsos manjares que disfrutaremos estos días; de los villancicos que cantaremos o susurraremos en torno al belén y la posterior misa del gallo; del reiterado deseo del «Feliz Navidad» que prodigaremos a personas de nuestra cercanía; bueno, pues todo eso no es suficiente, ni justifica el significado esencial de la celebración. Toda la humanidad, según donde hayamos nacido, se divide en dos mundos: los celebrantes de la Nochebuena y las víctimas de la nochemala. Estos últimos se subdividen en refugiados y desamparados. Es cuestión de geografía y suerte.

Me pregunto qué harán esta Nochebuena los millones de seres humanos desplazados desde Siria o Afganistán, hacinados en los campos de refugiados. Los otros refugiados que vagan perdidos ante la indiferencia europea; a qué jugarán esta noche los niños de Alepo y Mosul; dónde se enterrarán los cadáveres de los que están muriendo ahora mismo sin asistencia, ni paliativos; qué comerán los masacrados de los bombardeos; dónde irán los heridos, enfermos y parturientas, sin hospitales, médicos, ni medicinas; dónde dormirán hoy los que huyen de sus países desde cualquier rincón de África hasta Afganistán y están perdidos en tierra de nadie o atrapados entre alambradas de espino.

Son millones de exiliados los que no tendrán Nochebuena. Mujeres perdidas también que saben que morirán, y otras que perderán a sus hijos, raptados o dejándolos sin enterrar. Los que huyen en pateras que se hundirán, o caminan descalzos por los desiertos, o están mendigando por toda Europa. ¡Qué pena da esta Europa de hoy! La que mira para otro lado, incapaz de coordinar cualquier solución humanitaria; la que ha abandonado y olvidado su proyecto de paz, integración y cooperación. Europa, al abandonar esos principios, se está volviendo irreconocible, porque ahora vive inmersa en su propia desintegración.

En el mar, en campos de retención, ante alambradas de espino, o el abatimiento definitivo por el hambre, el frío y el desamor, millones de seres humanos, vivirán hoy esta Nochebuena; hombres y mujeres, viejos y niños, que huyen despavoridos de las guerras, hambre y sufrimientos. Son víctimas carentes de horizontes que iniciaron largas migraciones empujados por la desesperación que indefectiblemente les conducirá a la muerte.

Está incubándose un nuevo idioma universal basado en el inglés dominante. Son palabras nuevas que clasificaría entre los anglicismos y nacen al mismo tiempo que las tecnologías digitales. Aunque otras son innecesarias, porque en español tenemos una cascada de precisas y definidoras palabras. Una nueva palabra de contracción inglesa circula por todo el mundo: «Homeless». Son homeless todos los seres humanos sin techo, sin hogar, desahuciados y desamparados que duermen en la calle sobre un banco o en el suelo de la antesala de un Banco, junto a los cajeros automáticos. Esos sin techo están ahí haciendo vigilia, tumbados en el suelo, para darle calor y protección al dinero de los Bancos. Esos cajeros, a los que, al acceder a ellos, deberás orillar a los homeless para no pisarlos.

Al coger el dinero, aunque intentes no mirarlos, notarás que arden tus manos. Ese dinero quema. También tu conciencia y tu propia dignidad humana arde. Finalmente dirigirás una mirada conmiserativa a los pies desnudos del cuerpo postrado sobre un cartón, de ese hombre o mujer, o tal vez chico o chica, cada vez más jóvenes. Hasta ahí has llegado. Ni un paso más. A lo sumo, ya en tu casa, pincharás en YouTube el «Homeless» de Leona Lewis, anestesiándote con su música y estribillo. Después cenarás opíparamente celebrando el festín de la Nochebuena. Volverás a enternecerte mientras bebes una copa de buen vino escuchando el crepitar de la leña al arder. Sin embargo, notarás la presencia de esos extraños que viste y cuyas caras olvidaste un segundo después, cuando creías que nunca más volverías a encontrarlos. Viven en tu memoria, y los verás multiplicados al día siguiente en otras caras, otras ropas, otras miradas perdidas. Son millones en todo el mundo.

Vencidos por el egoísmo y disfrutando del confort doméstico, se serenará nuestro corazón que nos dirá, engañosamente, que esa no es nuestra responsabilidad y que ese no es un mundo real, sumergiéndote en una burbuja aislante de todo lo que acaece fuera. Si fuera así, y siguiéramos sin hacer nada, nos convertiríamos en seres abyectos. En España hay más de cuatro millones de personas, hombres y mujeres, de izquierdas y derechas, católicos o no, que están fuertemente comprometidos con el voluntariado, luchando contra la desigualdad y la pobreza. Gracias a las ONG, y sobre todo a las organizaciones humanitarias de la Iglesia Católica que atienden los casos más brutales de miseria; a las Cáritas parroquiales, Bancos de Alimentos, Jesús Abandonado, y Proyecto Hombre... ¿No podríamos tú y yo hacer lo mismo, de forma activa y comprometida? ¿Negaremos nuestra colaboración y ayuda económica alineándonos con los duros de corazón? Feliz Nochebuena para todos, pero especialmente para los refugiados, los sintecho, los castigados por la desigualdad y la pobreza, para que no sigan condenados a vivir otra infeliz nochemala.

24 de diciembre de 2016

REYES MAGOS

Siendo muy niña mi hija Eva me desveló que esos reyes noctámbulos y dadivosos que esperábamos existen verdaderamente. Llegan hasta nosotros desde nuestro oriente profundo en la seguridad de que si los atendemos con alma de niño quedarán incorporados en nuestro propio código genético. Esa noche, los Reyes Magos me trajeron un pisapapeles con esta leyenda: «Hoy es el primer día del resto de tu vida. ¡Disfrútalo!». Ahí está sobre la mesa donde escribo, y es lo primero que veo cada amanecer. Después de leída intento llevarla a la práctica.

La Asamblea General de Naciones Unidas en su Resolución 55/93 proclamó Día Internacional de las Migraciones el 18 de diciembre de cada año. Craso error. El propósito fue bueno pero erraron en la elección de la fecha, desubicándola en su rígido calendario oficial, porque la fecha adecuada es la del 6 de enero, Día de los Reyes Magos. Ellos compendian la esencia de la migración y representan a las tres razas reconocidas en la Edad Media. El Evangelio de Mateo ya hablaba de ellos, y en el siglo VI apareció en el famoso mosaico de Rávena. Ahí están juntos un rey llamado Baltasar representando a los africanos, Melchor a los europeos y Gaspar a los asiáticos. Viajaron montados en camellos de un país a otro guiados por una estrella. Los emigrantes de hoy van en pateras con un móvil dotado con GPS, pero no tienen buena estrella. Si Salvamento Marítimo llega a tiempo se salvan, si no se ahogan.

Me pregunto hoy si a esta edad mía es apropiado que aún siga creyendo en los Reyes Magos. Mi respuesta es rotunda: naturalmente que sí. Esta afirmación mía, coincide con el rebuzno de ese payaso llamado Trump, que como Presidente de los EEUU, ha amonestado a una niña de siete años porque cree en Santa Claus, como si fuese un violador de sueños infantiles. Cuando esta noche me levante por primera vez atendiendo urgencias apresuradas inaplazables, desenvolveré algún paquete de vistosos colores sobre el que habrá un blanco folio con la palabra Adolfo. Seguro que no contendrá oro, incienso y ni siquiera mirra. Si es muy voluminoso puede que sea una bata polar, o quizás unas zapatillas deportivas para andar, o unos calcetines. Estos objetos tan prosaicos se mostrarán esta noche revestidos de un deslumbrante resplandor áureo.

Este año los Reyes Magos se han adelantado y un emisario regio me ha entregado dos hermosísimos libros dedicados por su autor, casi de bibliófilo, de esmerada impresión, delicadas reproducciones litográficas y páginas desbordantes de investigación que te atan y abstraen en su fácil lectura.

Si estos dos libros son importantes, su autor me ha causado un supremo deslumbramiento. Se trata de Juan Antonio López Delgado, investigador, docente jubilado, Académico correspondiente de la Real Academia de la Historia y autor de veinticinco libros. Es un murciano ejemplar que, para culminar su obra, ha ido llamando de puerta en puerta buscando un poco de aliento y dinero para financiar sus ediciones. Siempre ha recibido el silencio o la descortesía como respuesta. La edición de su obra la ha pagado él solamente. Este autor no es solo un caso aislado. Es un problema general. Permítanme otro ejemplo. Alfredo Vera Botí es un prestigioso experto en Patrimonio Histórico, arquitecto y enorme investigador. Si la Torre de la Catedral se tambaleara algún día, Dios no lo quiera, podría reconstruirse siguiendo sus instrucciones recogidas en sus libros dedicados a la Catedral y su Torre, y en otros volúmenes espléndidos sobre el Renacimiento. Siempre pagó las ediciones con su propio dinero, salvo una.

El drama real de la cultura en la Región de Murcia es el causado por el desamor político, manden unos u otros. No existe nada planificado, ni reglamentado. El poco dinero disponible para libros se distribuye arbitrariamente entre sus amiguetes para que publiquen cualquier cosa. El otro poco restante será para acciones o compromisos flor de un día. Esa es la gestión de la Comunidad Autónoma y su Consejería de Turismo, a la que añaden un miriñaque llamado Cultura. Menos mal que hasta ahora, siempre ha estado ahí la Fundación Cajamurcia tapando agujeros. Gracias a Cajamurcia el duelo ha sido menor. Los Reyes Magos dejarán esta noche sus regalos y se volverán con las manos vacías y sus camellos aliviados de carga. Debieran llevarse con ellos toda esta parafernalia de esterilidad autonómica murciana y sus inmensas e inútiles estructuras administrativas, para que a su regreso por el desierto del Sáhara, quedaran allí, pétreas y fosilizadas, librándonos de tan pesado lastre.

5 de enero de 2019

BICICLETAS Y PATINETES

Una amiga mía ha sido arrollada violentamente por una bicicleta cuando andaba por la acera. Acaba de salir del hospital donde ha estado internada cerca de un mes. Me entero de que otro amigo ha sido atropellado por un patinete. Otros muchos ciudadanos narran abusos de ciclistas urbanos y patinadores, motorizados o no, que los sobresaltan a velocidades de vértigo y huyen después impunemente.

Esta anarquía debe acabar. Hoy, al ciudadano se le posterga en todo. Hasta se le ha privado de esa denominación tan hermosa que empleaba Aristóteles cuando decía que son los ciudadanos quienes hacen una ciudad y no los edificios; o cuando la palabra ciudadano estaba considerada como esencia suprema de los valores republicanos; e igualmente ocurrió con todo el corpus contenido en el humanismo. «Ciutadans de Catalunya» fueron las tres palabras mágicas que pronunció mi admirado amigo el President Tarradellas cuando regresó a España.

Hoy, la palabra ciudadano ha quedado en desuso. Al ciudadano se le llama ahora peatón, cliente, viandante, votante, contribuyente, individuo, sujeto pasivo, infractor o gente, pero nunca ciudadano, que es el atributo más noble alcanzado por el ser humano. Las ciudades, pues, deben ser diseñadas para los ciudadanos, nunca para que los ciclistas urbanos y los patinadores, motorizados o no, impongan su anarquía y vértigo, violentando al ciudadano.

Así es que aquí estoy más beligerante que nunca como «murciano de dinamita» armado con mi fusil que es la palabra, llamando a la sublevación cívica y pacífica de los ciudadanos de todas las ciudades del mundo contra el abuso y descontrol circulatorio de bicicletas y patines; para que sea abolido el privilegio que se han autoatribuido al circular impunemente por los espacios peatonales reservados solamente para los ciudadanos, como aceras, calles sin tráfico en el centro histórico, plazas donde juegan niños o descansan personas mayores o impedidas, causándoles molestias o poniendo en peligro su propia integridad física. ¿Qué ocurre en la práctica? ¿Dónde están los Ordenanzas y sus policías municipales? ¿En qué fundamentan los Ayuntamientos su permisividad y dejación? ¿Y los miles de concejales que dicen, que hacen, desde su dedicación exclusiva retribuida?

Existen otros desastres, que acumulados uno a otro, han creado una imagen real decadente y retrógrada de España, vestida con un traje de falso e hipócrita progresismo. ¿Es acaso progreso la abolición de los derechos ciudadanos en beneficio de ciclistas y patinadores que, sin reglas, ni justificación alguna, le privan del derecho a andar pacíficamente por los pocos espacios que quedan en las ciudades? Se habilitan carriles bici que nunca utilizan los ciclistas porque les es más cómodo diseñar otros itinerarios caprichosamente; o cuando van por el carril lo convierten en un velódromo de alta velocidad; pedalean en grupo con otros; usan auriculares y teléfonos móviles; llevan el manillar con una sola mano;

circulan sin chaleco reflectante y haciendo adelantamientos en zigzag sorteando a los peatones. ¿Han visto ahí alguna vez a un guardia municipal, corrigiendo y sancionando todo esto que yo veo diariamente? Nunca. Van paseando en pareja, de dos en dos, como si eso no fuera con ellos.

Existe una sentencia del Tribunal Supremo señalando que las aceras solo están reservadas para los ciudadanos y, en consecuencia, allí donde no exista un carril bici, los ciclistas y patinadores deberán ir andando como los demás. El código de Tráfico y Seguridad Vial se vuelca con el motor, circulación, sanciones y procedimientos, pero nunca sobre los derechos de los más débiles que son los ciudadanos de a pie y cómo protegerlos cuando andan por las ciudades.

Al día de hoy existen en España 8124 Ayuntamientos, 50 provincias y 17 Comunidades Autónomas. De tal forma que si el problema creado por ciclistas y patinadores urbanos solo es competencia municipal, habrá, si es que hay, 8124 Ordenanzas distintas. Esta es la España de Babel de hoy. Está claro. Toda la abundancia legislativa y competencias, solo sirve para regular la convivencia de los vehículos de motor y la bicicleta. El ciudadano, también llamado peatón, les importa poco, no existe.

No olvidemos que ciudad y ciudadanos son lo mismo, ni que la democracia nació en la ciudad. Esta debe concebirse como el ágora griego, que fue el primer espacio público creado para la convivencia, el comercio y la cultura. Preservar el uso indiscriminado de bicicletas y patines ahí, violenta a quienes no los llevan y es una agresión inadmisible convertida en abuso. Nada tengo contra la bicicleta y patines, y hago míos los pensamientos de Neruda, Picasso o Vittorio de Sica sobre la bicicleta, aunque si vivieran hoy, probablemente denunciarían lo mismo que yo, ante esta perversión de los valores de hoy.

27 de octubre de 2018

HOMO MOBILIS

En estos tiempos que corren el «homo sapiens» ha pasado a ser el «homo mobilis». En mi juventud nos hacían falta pocas cosas para ser moderadamente felices. Ahora tenemos muchas, incluso los que tienen poco. Por ejemplo, los teléfonos móviles. Nadie se separa de ellos. Veo a un indigente pidiendo, sentado en la esquina con el móvil pegado a la oreja, a un niño jugueteando con él, y a este grupo de jóvenes golpeándolos a velocidades de vértigo, enviando mensajes. Los móviles no son patrimonio de un determinado nivel social y se constituyen en una adicción colectiva convertida en pandemia. El móvil es el que gobierna nuestras vidas y no nuestra voluntad. A través de los algoritmos, sin saberlo, hemos quedado sometidos al imperio de otros intereses ocultos. Al principio buscábamos en internet, pero ahora es el teléfono el que nos controla a nosotros.

A simple vista se aprecia que este sector no está debidamente regularizado porque no existen normas claras que den satisfacción al usuario e impidan el cambio constante de las relaciones contractuales y permanencias, cambiando el justo y equitativo contrato de adhesión, por otro de «sumisión» y esclavitud de permanencia. Los gobiernos borran de su agenda política este asunto y no se enteran del desbarajuste e insatisfacción popular, no articulando leyes y normas simplificadoras que marquen las pautas a ese sector, no que las empresas impongan su ley. Todo ese mastodóntico festín está en manos del capitalismo más feroz que gobierna el mundo desde China a Silicon Valley, y con los algoritmos teledirigen nuestras vidas.

Como en el mercado de la telefonía todo vale con el objetivo de cazar al nuevo usuario a cualquier precio, diariamente, cuando tengo el plato de la sopa caliente y la cuchara en la mano, o el hervido nocturno en la mesa, recibo la llamada de distintos operadores ofreciéndome la luna digital y tirando la casa por la ventana. Les llamo de todo, me sube la tensión, y cuelgo. No les importa. Al poco rato otra voz distinta volverá al ataque, sin tregua. Me consuelo imaginando que todo el mundo sufre un asedio similar, indefensos como yo.

Los gastos domésticos en telefonía son imprevisibles, convertidos en un pozo sin fondo. Muchos meses son más cuantiosos que el importe del consumo eléctrico doméstico. La mercantilización extrema del negocio del traslado de la palabra ha convertido al mundo en un caserío global alfanumérico y digitalizado, dispuesto al asalto sin la menor consideración humana y con hábitos indeseables implantados por las compañías de telecomunicación.

3 de marzo de 2018

LA LAMPARA MARAVILLOSA

Como Santa Teresa entre pucheros, yo he pasado toda mi vida entre micrófonos. Es ahora un micrófono digital el que me tiene fascinado. Aparece nada más abrir el ordenador, tablet o teléfono al iniciarse el proceso de funcionamiento de ese mundo digital inabarcable que es el internet. El mundo al revés es que el significado originario de la palabra digital, que es todo aquello relativo a los dedos del ser humano, -órganos infravalorados y llamados extremidades, en vez de ser exaltados como imprescindibles-, ahora dicho concepto, esté estrechamente vinculado a la tecnología de las computadoras y sistemas digitales en su definición.

También es de suma coherencia e interrelación lo digital con lo táctil, en esta historia que les estoy contando. Me he incorporado tarde a esta revolución tecnológica, que siendo tan joven, está cambiando absolutamente todo. Lo más maravilloso es la ilusión y utilidad que nos está dando ahora, y lo más temible pudiera ser que otras máquinas digitales terminaran dominando al hombre. A mí me parece una paradoja que internet conduzca a los jóvenes de hoy a teclear de modo enfebrecido y velocidad del rayo, olvidando el micrófono de Google y sin usar la voz humana. Volvamos a mi micrófono de internet. Google, en un rectángulo alargado con fondo blanco me indica: «Di OK Google». Al lado, un icono que lo mismo puede ser un tulipán digital, que el micrófono Newman americano desde el que yo presentaba el espectáculo «Holiday on ice» acompañado por una orquesta de cincuenta músicos, para que las patinadoras de Sonja Henie bailaran sobre el hielo en ese mítico espectáculo mundial.

El micrófono de internet es mejor que la lámpara maravillosa de «Las mil y una noches». No tengo que frotar nada para tenerlo todo. Basta con posar suavemente la yema de mi dedo índice y hablarle, para que en cuestión de segundos, tenga respuesta de todo, por difícil que sea. Por ejemplo: la constante de Avogadro, que como todo el mundo sabe, es el número de partículas elementales, átomos o moléculas, contenidas en un mol de cualquier sustancia. Ayer estuve toda la tarde pidiéndole datos a mi micrófono, porque lo de Avogadro es un tema fundamental e inquietante. Como no llueve y escasea tanto el agua quiero fabricarla, y ya sé que combinando un átomo de oxigeno con dos de hidrógeno habré creado una molécula de agua. ¿Qué les parece? Veremos en qué queda eso. Otro día le pedí a mi micrófono la teoría de la relatividad de Einstein, sobre todo lo relacionado con el tiempo y el espacio, y también le pedí la lista de los treinta y tres reyes godos que aprendí en la escuela y se me habían olvidado, y ahora los recito todos seguidos, desde Ataulfo y Sigerico hasta Witiza y Rodrigo.

Para terminar el año, gracias a las posibilidades de internet, vía Facebook, despedí la Nochevieja convirtiéndola en Nochejoven, con una experiencia alucinante. Nos volvimos a unir en las ondas Luis del Olmo, Andrés Caparrós y yo, y cada uno, desde nuestras casas respectivas en Barcelona, Madrid y Murcia, intervinimos en un programa radiofónico de dos horas de duración titulado «Los Tres Locutores», emulando los conciertos de «Los Tres Tenores». Fue emitido desde la Radio Marinera de Caparrós y tuvo un éxito notable. Lo oyeron en Buenos Aires y Barcelona, Copenhague y Madrid, Camberra y Murcia, y hasta en Beniaján. Comentábamos los tres la diferencia de nuestros inicios radiofónicos cuando debíamos llevar el magnetofón AEG que pesaba más de treinta kilos, andando y a pulso para hacer una entrevista grabada, cuando con el progreso de hoy basta un simple teléfono móvil. Es la leche. Hoy hay más teléfonos que habitantes en todo el mundo.

«Las ciencias adelantan que es una barbaridad», dijo Don Sebastián a Don Hilarión. Estamos disfrutando avances vertiginosos de la ciencia y tecnología que hace cuatro días parecían fantasías de ciencia ficción y ahora están cambiando nuestras vidas globalizándolo todo. Hasta la realidad ha superado a la ciencia ficción. Juego de niños es toda la literatura de Julio Verne, la «Odisea del espacio» de Kubrick y el «Parque Jurásico» de Spielberg, y no digamos nada de aquel híbrido de humano y robot llamado Frankestein, con tornillos en la cabeza y desguaces humanos, comparados con las máquinas de inteligencia artificial de hoy en constante desarrollo. Los robots quitándole el trabajo a los humanos, invadiendo las labores domésticas, trabajos industriales y logística; robots quirúrgicos y la sustitución de los ejércitos por drones capaces de ejecutar ciberguerras. El avance de lo digital es imparable.

¿Qué haríamos hoy todos los humanos del mundo con una sola lámpara maravillosa? Y después de tanto frotarla unos y otros ¿existiría ya? Todos los infortunios sufridos por Aladino y los engaños urdidos por su falso tío el mago, ahora ya son innecesarios con el micrófono de internet que es la lámpara maravillosa digital de hoy.

18 de febrero de 2017

MURCIA

Desde hace años vengo anotando en mis libretas azules vivencias colectivas y recuerdos personales, reflexiones, perspectivas y logros comunes, con la intención de que queden retenidas y resuciten después pasado el tiempo. Esas libretas son como una caja de seguridad de la memoria. Existe en ellas una sección denominada Murcia que contiene lo relacionado con la ciudad y la Región, como sucesos históricos que he vivido personalmente durante el tránsito de la dictadura a la democracia, o lo que está ocurriendo ahora mismo.

Observo con pavor que en mis últimas libretas las páginas de Murcia quedan siempre en blanco, mientras que en el resto de apartados las palabras se desparraman hasta invadir los márgenes. Como no soy un autor costumbrista, añorante del panocho y las barracas, tengo poco que anotar. Tampoco soy urbanista, por lo que solo anoto breves observaciones sobre esta ciudad gigantesca que ha crecido sin atender lo que fue y vive de espaldas a la naturaleza. Así es que el epígrafe Murcia se ha ido debilitando, y sin embargo, ha propiciado la aparición de otros, donde Murcia está muy presente según los temas.

Ese es el problema que detecto. Murcia ha perdido su propia identidad histórica. Es otra ciudad, con un perfil homologable al de otras masificadas del resto del mundo, con características y carencias similares. La Murcia de mi adolescencia y juventud murió y dio paso a una ciudad nueva y distinta, donde la Torre de la Catedral como vigía, quizá sea el único vestigio que define y perpetúa aquella esencia murciana, desde donde se divisaba entonces aquella «vega, divino tesoro,/ entre tus verdes maizales/ vibra como arpa de oro/ el manto de tus trigales«. Entonces era verdad, no una ensoñación poética.

Murcia fue en sí misma una ciudad jardín, un oasis vegetalmente lujurioso de frutas y flores, circundada por un inmenso bosque de huertos y plantaciones, para la que yo inventé un eslogan que la definía y dio la vuelta al mundo: «Murcia, huerta de Europa». Hoy no. Esa Murcia sucumbió víctima de la globalización, la explosión demográfica, la falta de agua y la especulación. Qué quieren que les diga, moriré siendo un sentimental que ve en la Murcia de hoy, la Murcia que no es. Al final, siempre llegamos al mismo dilema de siempre. Lo que tiene el progreso de construcción, también lo tiene de destrucción.

Desde hace más de treinta años la Región de Murcia permanece ensimismada y anclada en la indefinición de su proyecto, de su identidad. A veces vive la ficción de lo que fue como paraíso vegetal y lo escenifica recreando una escenografía costumbrista en la que tampoco cree. Las más de las veces, con su lamento por la falta de agua o el lloriqueo público de la exigencia, sin plantear al mismo tiempo soluciones alternativas, ni investigaciones, o creación de nuevos sistemas de explotaciones y plantaciones más tecnificadas. Desaprovecharon el Instituto Euromediterráneo del Agua del Consejo de

Europa que ofrecía un grandísimo paraguas internacional para alcanzar esa meta. Fue una iniciativa personal mía a la que dediqué más de tres años, hasta cuajarla en un acuerdo que fue aprobado por unanimidad por los veintiocho países integrantes del Consejo de Europa concediendo la sede permanente a Murcia. Las instituciones europeas dieron todo su apoyo, la Fundación Areces, la UNESCO y el propio Gobierno español, entre otros. Nació para perfeccionar el buen uso y economía del agua y la creación de nuevos sistemas de hidrotecnia para todo el mundo. Todo el ingente esfuerzo fue inútil porque la Comunidad Autónoma con su desidia, fraguó su muerte y el Consejo de Europa desistió. Estaban ensimismados entonces con la burbuja de la construcción a la que se dedicaron en cuerpo y alma, porque con el «Agua para todos» ya les bastaba.

Hoy tampoco existen proyectos colectivos de innovación, tendencias o diseño, puestos a andar con dinero público bien invertido, emulando a otros existentes en distintos lugares europeos. Hoy aquí es imposible porque no existe una política de unidad, un proyecto unitario que sume, enterrando excluyentes egoísmos partidistas y se olviden del papel mojado y estéril de sus programas irreales y engañosos, sin presentar iniciativas concretas, en qué plazo se ejecutarán, cómo se pagarán y desterrando sus pronunciamientos. Ahora mismo la Región de Murcia solo tiene francotiradores. Mientras que los partidos políticos prodigan su verborrea, en el mundo exterior, algunos francotiradores de la cultura, el pensamiento o el despertar que deslumbran con su obra. También existen destellos individuales aislados de grandes empresarios que triunfan por sí mismos, como francotiradores, no nuevos sectores de productividad y riqueza como fue Molina de Segura. No nos engañemos, hoy ocupamos los últimos puestos de Europa en todo.

Los partidos políticos han bloqueado todo, han invadido las instituciones y las han patrimonializado. Asfixian todos los mecanismos del poder y las empresas públicas las han puesto en manos de sus mediocres militantes, cuyos méritos principales son su carnet y su influencia en la cocinilla. Nunca seleccionarán a los mejores profesionales independientes procedentes de esos sectores, donde abundan.

Resumo lo que he querido decir mezclando pasado y presente. La perspectiva regional anterior es incomparable con esta de hoy, de igual forma que el tiempo y el paisaje de ayer también son irreversibles. Aun así, me resulta imposible renunciar a ese pasado provinciano, pletórico de identidad y definición, frente a este, desesperanzado y estéril; al espíritu y creatividad que existía y ahora no; al impulso y abundancia de personalidades murcianas que había en todos los ámbitos españoles, cuya interminable relación es imposible reproducir. Mientras que la forma de hacer política no cambie, o una nueva cascada de prohombres vuelvan a resucitar al margen de los partidos, ¿qué identidad o paraísos perdidos podremos recuperar? «Lo que no puede ser no puede ser y además es imposible», dijo Guerrita, el Califa del toreo.

8 de diciembre de 2018

REINO SERENÍSIMO

Si tuviese poder para manejar la máquina del tiempo, daría marcha atrás hasta la Edad Media, para restaurar la denominación originaria de esta tierra nuestra que volvería a quedar ennoblecida con el rango de Reino Serenísimo de Murcia. Este fue el Reino Serenísimo al que los musulmanes llamaron antes Tierra de Tadmir, y Alfonso X la incorporó a la Corona de Castilla concediéndole a la ciudad de Murcia la representatividad de su reino en las Cortes Castellanas.

Que el Reino Serenísimo de Murcia esté históricamente hermanado en dignidad con la Serenísima República de Venecia en esa homologación, es causa de gran contento para mi, por la «fastuosa magnificencia» veneciana y dada nuestra humilde condición. Si somos serenísimos, también seremos apacibles y sosegados, que es justo de lo que adolece el actual Alcalde de Cartagena de Movimiento Ciudadano desatando su furia independentista. Nunca, desde Asdrúbal, hijo de Amilcar Barca, fundador de la Ciudad de Cartagena 227 años a.C., ni tampoco en tiempos de los cartagineses, romanos o visigodos que sucesivamente fueron conquistándola, nunca llegó a conocerse una amenaza como esta: «Trabajaremos para irnos y formar parte de otra Comunidad Autónoma, con Alicante, con Almería o nosotros solos». Como oyen.

Si el Alcalde cartagenero en vez de esa amenaza, hubiese recitado los versos de León Felipe, aquellos que dicen: «¡Qué lástima que yo no tenga comarca, patria chica, tierra provinciana!», hubiese ido yo a su lado conmovido, y reposando mi mano sobre su hombro, con mi mejor voz, le habría explicado que la última división provincial española se efectuó en 1833 con la reforma de Javier de Burgos, hace casi doscientos años. Ni una provincia más. ¡Buena está España hoy para iniciar un proceso de nueva división territorial! Además, ¿qué dicen los otros municipios del entorno de Cartagena? Y los cartageneros, ¿querrán pagar más estructuras administrativas? Y Alicante y Almería ¿están más cerca que la Ciudad de Murcia? Y el Congreso de los Diputados ¿qué diría?

Si los militantes del movimiento ciudadano cartagenero y su pintoresco alcalde quisieran, les mostraría paisajes y horizontes de este Reino Serenísimo que seguramente no conocen, y lejos de sus miras y objetivos aldeanos, comprenderían como la grandeza histórica de Cartagena, forma parte indisoluble de un todo regional, rico y exuberante de variedad, y que nos pertenece a todos por igual. Entenderían entonces que Cartagena y Murcia no son mundos ajenos, sino complementarios, de imposible separación y división. Ni los cartageneros pueden pasarse la vida contemplando solamente el mar que se divisa desde los Castillos de San Julián y Galeras, ni los murcianos capitalinos trepando hasta las cimas de la Cresta del Gallo, o las sierras de Carrascoy y Miravete que les circundan, para lamentarse observando lo que hoy queda de la que antes fue un vergel esplendoroso.

Veamos también otros mares propios, abiertos e inmensos. Los acantilados de Cabo Tiñoso, la rocosa cala del Baño de las Mujeres en Puntas de Calnegre, la virginal y arenosa playa de «La Llana» y nuestro propio Mar Menor, hoy tan enfermo y contaminado. También veremos otras cimas, como el Pico de Revolcadores, el valle de Cagitán, el Caprés de Fortuna; o dejándonos atrapar por el estruendo y la turgencia de las aguas del Cañón de los Almádenes que, siendo tan murciano de Cieza y Calasparra, es tan hermoso como el Gran Cañón del Colorado, salvando las distancias.

Y si de paisajes míticos se trata vayamos a los bosques frutales de Cieza en plena floración y seremos purificados; peregrinemos desde la Hoya de Don Gonzalo hasta Jumilla; o quedémonos encantados para siempre como personajes de un cuento oriental dentro del paisaje de Ricote. Son algunos ejemplos. ¿Quién en su sano juicio puede despreciar y ofender unas señas propias de identidad tan excelsas? Sólo los que practican esta pandemia española de hoy: la demagogia, el populismo y el independentismo. Los peores males que acechan a la democracia.

El Reino Serenísimo de Murcia se estremeció en los albores de la democracia, cuando con reiterada insistencia, redactándose el Estatuto de Autonomía, el mazarronero Mariano Yúfera, quiso cambiarle el nombre a esta tierra, llamándole Región Frutalense, con la evidente intención de borrar el nombre de Murcia.

A lo largo de los siglos bastaron sólo dos ocasiones para que este Reino de Murcia sufriera dos estocadas, cuyo efecto fue fatídicamente definitivo. La primera se produjo en 1833 con la división territorial española de Javier de Burgos donde perdimos gran parte del antiguo Reino en beneficio de las provincias de Albacete, Alicante, Almería y Granada. No hubo ninguna guerra civil, ni defensores eficaces que evitaran el descuartizamiento. La segunda y definitiva acaeció durante la creación del actual Estado de las Autonomías, cuando en 1982, perdimos para siempre la biprovincialidad y quedó segregada la provincia de Albacete. Nadie la evitó, nadie luchó, ni convenció, para evitar esa traicionera y gratuita estocada definitiva que pudo haberse evitado con dos pequeñas concesiones y buenos negociadores: Tribunal Superior de Justicia y Universidad propia. Mejor olvidar porque se produjo esa última tragedia que dejó al Reino Serenísimo reducido a esta ficción administrativa que se llama Comunidad Autónoma.

¿No es hora esta tampoco de serenarnos y sosegarnos, unirnos y caminar juntos? Imposible. Harían falta otros dirigentes, otra política, otra democracia.

12 de noviembre de 2016

PASAJEROS, AL TREN

Mi admirado Pedro Soler, en un memorable artículo, nos narraba por estos días hace cuatro años, un acontecimiento acaecido en 1862, 150 años atrás. Isabel II y su séquito regio llegaron a Cartagena y Murcia para presidir los solemnes fastos inaugurales de la línea del ferrocarril Albacete-Cartagena y sus Estaciones correspondientes. En Cartagena hubo damascos carmesíes y alfombras rojas hasta el mar, salvas atronadoras de artillería, arcos florales, obeliscos y multitud de carrozas tiradas por hermosos caballos enjaezados.

Todo ese boato estuvo muy bien, pero lo malo es que en ese acto inaugural no había todavía ferrocarril circulando, ni Estaciones para recibirlo. Tanto las vías e infraestructuras, como los edificios, no funcionaron hasta 1863, un año después. Cómo sería la cosa, que la reina Isabel II tuvo que venir a Cartagena por mar, y a Murcia llegó «por un camino de hierro construido para uso exclusivo de aquel día, pues la víspera, muchas de las obras no estaban hechas y eran tan endebles que, poco después fueron eliminadas por un fuerte aguacero». Un semanario satírico de la época, sentenciaba diciendo que «sería preferible volver a las diligencias antes que viajar en un ferrocarril tan precario».

Pero mira, edificios e infraestructuras tardaron un año en funcionar a pleno rendimiento, aunque la MZA primero, y RENFE después, transcurrido más de siglo y medio, siguen dando servicio. Es verdad que es una red obsoleta y decimonónica, pero se le han ido incorporando mejoras posteriores, y esto es lo que hay. Como soy de naturaleza indulgente, esas prematuras inauguraciones las considero como un impulso regio. Lo verdaderamente grave es lo que ocurre con el AVE. Toda España tiene AVE. Los primeros en disfrutarlo fueron madrileños y sevillanos, desde el 21 de abril de 1992. Después todos los demás. Menos los huérfanos e indigentes murcianos. A Murcia le vienen tomando el pelo porque esta tierra dejó de ser la de los murcianos de dinamita.

El 8 de enero de 2001, —hace dieciséis años—, se firmó el Pacto del AVE en el Palacio de San Esteban. Con el PP en el poder. Estuvieron todos. Presidió el omnipotente Vicepresidente del gobierno y Ministro de Fomento Álvarez Cascos, y lo firmaron José Bono, Ruiz Gallardón, Eduardo Zaplana y Valcárcel. Todos lograron sus objetivos. A Murcia la siguen ninguneando. No tenemos AVE, pero sí un tenebroso legado: el Kuwait de Paramount, desaladora de Escombreras, Mar Menor envenenado y aeropuerto sin aviones.

¿Qué consiguió entonces la Región, siendo anfitriona de aquella firma del Pacto del AVE? Absolutamente nada. Salvo la humillación constante y la tomadura de pelo.

El 22 de junio de 2006, —hace diez años—, se firmó el Convenio de Remodelación de la Red Arterial Ferroviaria de la Ciudad de Murcia entre el Ministerio de Fomento, ADIF, Comunidad y Ayuntamiento de

Murcia. Gobernaban los socialistas. Este fue otro engaño y tomadura de pelo aún mayor, que tiene dos claros culpables: Comunidad y Ayuntamiento de Murcia. Son los responsables del incumplimiento de su propio compromiso y responsabilidades y como encubridores de la pasividad e inoperancia de Fomento y ADIF. Es aquí en Murcia dónde está la causa de todo el atropello.

Han pasado dieciséis años del paripé de San Esteban y diez del fraudulento Convenio de remodelación ferroviaria. Son demasiados años de espera. Dicen que viene pero nunca llega. Una cuadrilla de mangantes dentro de ADIF hace facturas falsas y se llevan el dinero del AVE. Se cambian planos y obras de un día para otro. De pronto se dan cuenta de que hay que excavar para desviar conducciones de saneamiento o abastecimiento, o corregir una curva, y hay que empezar de nuevo. Así, años y años. Nunca he visto un caso con tanta improvisación y falta de voluntad.

Sobre todo, la mayor culpa la tiene el Ayuntamiento de Murcia y de esto no oigo hablar a nadie. Durante más de veinte años el Ayuntamiento se ha venido dedicando a promocionar el pastel de carne y el zarangollo, a mantener en su balcón principal el «Agua para todos» y a pronunciar pregones líricos en las fiestas patronales de las pedanías, pero no a dotar a Murcia de una planificación y ubicación urbanística adecuada para la Estación del AVE.

No hablo siquiera de los objetivos mínimos señalados a la Sociedad Murcia Alta Velocidad, ni al soterramiento, ni de Estación intermodal alguna. Hablo del día a día. Vaya usted a la Estación Murcia del Carmen y vea si ese apeadero de pueblo grande que tenemos, con AVE o sin AVE, es decoroso para Murcia; cuénteme usted si no le ha dado vergüenza al recibir a alguien que viene a visitar su ciudad; dígame si no le sonroja ese embudo o fondo de saco en una pequeña placita; calles de acceso tan estrechas y dificultosas para el tráfico ordinario de hoy día; una parada con pérgola para media docena de taxis; un acceso tan mínimo para entrada y salida de viajeros; un aparcamiento provisional, estrecho y cuartelario; sin ubicación para autobuses e imprescindibles conexiones; sin parada de tranvía.

En fin, estas notas que apunto sobre un replanteamiento urbanístico si no se han remediado por el Ayuntamiento, siendo tan elementales, ¿cómo podemos ser tan ilusos de esperar Estaciones intermodales, llegada del AVE soterrado, sin darle licencia a ese edificio mudéjar diseñado por José Almazán que nos legó hace 150 años la reina Isabel II?

Vamos de mal en peor. En mi último artículo decía que en tiempos de penumbra siempre hay un rayo de esperanza, una voz paradigmática, una figura cívica que nos rescata. Ese referente es hoy para mí Joaquín Contreras Rivera, el incansable portavoz de la Plataforma de Soterramiento, al que aplaudo, como a las mujeres y hombres que le acompañan en su heroica gesta de dignidad y murcianismo. Es misión imposible, porque hoy todos los españoles no gozamos de los mismos derechos. Sólo el que grita, gana.

15 de octubre de 2016

EL MAR MUERTO

El joven y accidental Presidente de la Comunidad Autónoma López Miras, disfrutando de un paseo en barco, mostró su júbilo viendo las aguas del Mar Menor y dijo: «Estamos en niveles de hace veinte años, y esto es consecuencia del trabajo, la gestión y las medidas del gobierno regional». Días después la realidad dejó esa sentencia como la de un embaucador político. Dos Consejeros, dos, del gobierno autonómico murciano, escoltados por directivos y personal del INFO y acompañados por un nutrido séquito cuya composición y número se desconoce, cogieron las maletas y llegaron hasta Extremo Oriente para promocionar, dicen, las frutas y verduras de la Región. Visitaron exóticos lugares, desde Hong-Kong hasta recónditos rincones de China donde esperan alcanzar copiosos beneficios económicos; la potenciación de nuestras exportaciones agrícolas y la consolidación de las relaciones Murcia-China, gracias a su egregia presencia. «La Región negocia con China» dice un titular de prensa. De tú a tú. Se desconoce el gasto que ocasionará esta operación. No importa. Esta casa no repara en gastos. Al año siguiente le tocó la «turné» a Cuba y Chile, con PAS de protagonista, con grandes aspavientos internacionales sólo divulgados en la prensa de nuestra corrala. Aún desconocemos los resultados reales. Con toda urgencia y en plena temporada veraniega ha debido clausurarse una playa de Los Alcázares. A golpe de silbato fueron desalojados los bañistas. Durante no se sabe cuánto tiempo siguen existiendo emisarios que vierten aguas fecales al Mar Menor con altísimos niveles de enterococos. «El olor era, además, bastante intenso en la zona», escriben los prudentes cronistas. Para ser exactos debiéramos decir que se exhalaba un intenso mal olor a mierda. El Mar Menor convertido en letrina. Es otro ejemplo. Un día más tarde aparecieron en la orilla gran cantidad de doradas muertas, y varios días antes, hubo un gran escándalo cuando se confirmó que en el colegio público del Llano del Beal, existía una relevante acumulación de plomo y arsénico procedente de vertidos mineros. Esos mismos vertidos de residuos de metales altamente tóxicos, cuando llueve, van a parar a la Rambla del Beal y terminan en el Mar Menor.

Sin embargo poco se invierte en regeneración y recuperación ambiental; en vigilancia y mejora de sistemas con medios humanos que detecten los vertidos clandestinos soterrados de salmuera procedentes de desalobradoras particulares de agricultores desaprensivos que deben ser sancionados; reforzando presupuestos en canalizaciones y forzando al Estado, a la Confederación Hidrográfica y Ayuntamientos, con una política seria y contundente; cortando las tropelías en la construcción; en las Ramblas del Beal y del Albujón, y tantas otras vías de contaminación, como limitando drásticamente los puertos deportivos y el número de embarcaciones excesivas y contaminantes. Paro aquí.

La Comunidad Autónoma no sólo debe asumir el liderazgo responsable de la regeneración, sino ejecutar bajo su responsabilidad competencial de planificación y resultados, obligaciones que evidentemente no cumple. El Mar Menor hoy es un mar muerto y existen culpables reales a los que la justicia debería desenmascarar y castigar. Después de tantos años de gobierno el PP debe rendir cuentas del abandono e incumplimiento de sus responsabilidades públicas y políticas en la custodia de ese espacio medioambiental protegido, fuera de todo control y en salvaje destrucción.

La Memoria de la Fiscalía General del Estado subraya y confirma que la Fiscalía de Medio Ambiente de Murcia sigue investigando la contaminación que sitúa al Mar Menor en «peligro inminente de muerte de su vida animal y vegetal», considerando que puede constituir también un grave delito contra el medioambiente. ¿Conocen ustedes alguna acción del gobierno autonómico, firme, urgente y evaluable? ¿Dónde está el presupuesto extraordinario para reparar tanto daño causado? Hace treinta años tuvimos un instrumento legal muy valioso: la Ley 3/1987, de 23 de abril, de «Protección y Armonización de Usos del Mar Menor». No se aplicó nunca, murió virgen, y el PSOE, que fue el padre de la criatura, la ignoró y boicoteó bajo mano. El PP acabó con ella derogándola, y en su lugar aprobaron la «Ley del Suelo» 1/2001, de 24 de abril, con infinitas modificaciones posteriores.

Cuando oigo la palabra suelo, el vello se me pone de punta. Con esa Ley, casualmente, llegó también la burbuja inmobiliaria de una crisis económica global que dura todavía. En la Región se descubrió después un gran pastel al aflorar escándalos urbanísticos, recalificaciones de suelo protegido, e inversiones públicas supermillonarias en desaladoras, que todavía colean. Se inició una profunda investigación judicial, y el admirable y tenaz juez Abadía, hoy jubilado, culminó una instrucción memorable de asuntos relacionados con la Comunidad Autónoma y Novo Carthago; Desaladora de Escombreras y asuntos colaterales. Hoy es una causa durmiente, inconclusa y olvidada. Todo huele como la playa del Espejo, o el paseo marítimo de Santiago de la Ribera. A mierda. Y también a muerto.

De haber conocido el Mar Menor que yo disfruté en mis años jóvenes, viéndolo, Don Quijote le habría dicho a Sancho que ese mar, aún siendo más pequeño que el contemplado en Barcelona, era «harto más largo y espacioso que las lagunas del Ruidera».

16 de septiembre de 2017

FUENTEOVEJUNA

Es tan grave la tragedia del Mar Menor que no sé cómo es posible que hayamos podido llegar a este grado de impotencia y tedio; a la aceptación de su envenenamiento como un mal irreparable que nos es ajeno, a esta sumisión vergonzante agravada con nuestro silencio y cobardía.

El Mar Menor, —envenenado y estéril hoy—, sigue enviándonos peces muertos junto a sus estertores en el lúgubre espectáculo difundido posteriormente por las televisiones del mundo.

Ni los municipios ribereños cesan en sus vertidos, ni cortan emisarios de aguas fecales; ni la Asamblea Regional toma iniciativa alguna; ni el Gobierno autonómico, que tiene las competencias y obligación moral y legal de ejercerlas, renuncia a asumir el liderazgo absoluto de la situación; ni el Gobierno de España, más culpable todavía, con todo un Ministerio de Medio Ambiente que mira hacia otro lado mientras la Rambla del Beal envía residuos minerales altamente tóxicos como plomo, cadmio, níquel, arsénico y otros, y la Confederación Hidrográfica, ciega durante años, tolerando los vertidos de aguas fecales con altísimo nivel de enterococos, o los nutrientes agrícolas, pesticidas, nitratos y otros productos químicos, y las salmueras vertidas las veinticuatro horas del día; ni se descubren claramente a todos los señores del agua de aquí, con tanto poder como los señores de la guerra de allí, ni las golferías de unos y otros en los ámbitos agrícolas y acuíferos. Lo peor de todo es que en la Región de Murcia de hoy ya no existen los murcianos de dinamita que Miguel exaltaba en sus versos. Ahora sólo imperan los mediocres, los cantamañanas, la política de corrala de vacua palabrería y unos partidos políticos que sólo son empresas de colocación, sin ninguna otra meta altruista cuyo objetivo real sea el bien común.

Seamos claros. El problema real de cuánto está pasando en el Mar Menor sólo es la ausencia de un liderazgo real unificado. No tenemos un líder valiente y comprometido que asuma y aúne todas esas responsabilidades con la misma contundencia, o más, que la Presidenta de Madrid, activando y coordinando todas las iniciativas y acciones urgentísimas que ya no pueden aplazarse más. A Fernando López Miras señalo con la mayor lealtad y cordialidad. Es el líder constitucional que necesitamos y el que debe asumir personalmente esta encrucijada vital. Es este el momento en que puede pasar a la historia como mindundi o héroe histórico. Depende de él. El Mar Menor no puede aguantar un día más, pendiente de la iniciativa o lentitud de la justicia; de las operaciones aisladas o inconexas de la Confederación; de la palabrería y falta de compromiso de Pedro Sánchez; de la ineficacia de la propia administración autonómica; de la actuación dolosa de los Ayuntamientos ribereños; de la falta de compromiso real de la propia Unión Europea.

Hace más de seis años que vengo escribiendo sobre este problema en mis «Artículos de ocasión». En «Baños de mar» (20-8-16); en «Al Mar Muerto» (16-9-17); en «Apocalipsis murciano» (19-10-19), donde sugería la inaplazable creación de un Gabinete de Crisis para aquella situación. Desde entonces no se ha movido ni una sola hoja. Hoy vuelvo a insistir con esta iniciativa concreta antes del colapso final.

Para que el Presidente de la Comunidad asuma el liderazgo unificador urgentemente, le será imprescindible crear una Consejería de Protección y Regeneración del Mar Menor, bajo su directo control personal. Exclusivamente. Después, podría anexionarse lo relacionado con el Trasvase Tajo-Segura, unificando así los dos grandes ejes más preocupantes para nuestra supervivencia.

Ahora lo más urgente es activar una primera fase de choque con decisiones firmes y evaluables que hagan posible el cegamiento inmediato de todos los focos de vertidos contaminantes. Todos. Sin contemplaciones, invocando la emergencia por salubridad pública, atentado medioambiental y por alarma social con la habilitación de una partida económica extraordinaria que facilite la total ejecución por emergencia.

Incorporar a los Presupuestos del año próximo una cantidad mínima inicial de mil millones de euros, para dar ejemplo y que sirva de reflexión al Gobierno de España y a la Unión Europea. Con esa dotación y el apoyo del dictamen requerido a los más solventes especialistas internacionales deberá elaborarse todo el Plan de Protección y Regeneración del Mar Menor, cuya ejecución deberá iniciarse con un calendario de la mayor urgencia.

Todo esto y mucho más es lo que deberíamos esperar del liderazgo del Presidente de la Comunidad al que corresponde «la suprema representación de la Región de

Murcia y la ordinaria del Estado de su territorio», más la activación de iniciativas legislativas en el Congreso y Parlamento Europeo. No encargándolas a un francotirador, sino como actividad del propio Grupo Parlamentario con toda la artillería disponible.

Dentro de un mes cumpliré 86 años y pido a Dios que me siga clasificando como murciano de dinamita, para poder seguir insistiendo y denunciando las tropelías que hacen saltar las costuras del sistema democrático. Si todo nos abandona, «¿qué deberíamos hacer nosotros entonces?» «Fuenteovejuna, Señor». «¿Quién es Fuenteovejuna?» «Todo el pueblo, a una».

22 de agosto de 2021

35 AÑOS DESPUÉS

Ayer se cumplieron 35 años de la aprobación del Estatuto de Autonomía de la Región de Murcia mediante Ley Orgánica 4/1982 de 9 de junio. Ya tenemos perspectiva histórica sobrada para preguntarnos qué ha pasado aquí desde entonces, para qué ha servido este gran tinglado que hemos montado, en qué hemos prosperado o empeorado, cuáles han sido los frutos específicos y tangibles o los fracasos.

Hoy, 35 años después, me pregunto: ¿Cuál es el balance real? ¿Ha merecido la pena, o es una gran frustración? ¿Para qué sirve esta mastodóntica autonomía que hemos creado? Alrededor de cien altos cargos entre Consejeros y Directores Generales; Consejeros con coche, chófer oficial más sus poblados gabinetes; las secretarías de los directores generales, que suman, aproximadamente, otras doscientas personas más puestas a dedo. Un ejército de asesores sin capacitación y cuyo único mérito es ser militantes distinguidos o exalcaldes del partido gobernante, o turiferarios que ejercen de «tiraboleiros» del botafumeiro autonómico. Una Asamblea con diputados regionales retribuidos y unos grupos políticos espléndidamente financiados. También centros tecnológicos, institutos y entes de dudosa eficacia.

Dentro de un mes exactamente se conmemorará también el 35 aniversario del acto solemne de la entrada en vigor del Estatuto de Autonomía celebrado en el Almudí, que yo tuve el honor de diseñar y organizar. ¡Cuánta ilusión se juntó allí con gentes de todos los colores políticos aspirando a grandes transformaciones que se conseguirían con el esfuerzo colectivo de todos! Desarrollaron una generosidad sin límites sin pensar en profesionalismos políticos y participando en política gratuitamente, porque tenían sus profesiones de las que vivían y cuyos nombres podría decirles de memoria y aún viven hoy.

Todo esto que escribo con gran dolor, lo dice una persona que volcó toda su ilusión y esfuerzo ayudando cuanto pudo en la implantación de nuestra autonomía. Pasado el tiempo veo con tristeza la devastación de tantos sueños e ideales colectivos y la pérdida de aquella identidad tan vitalista que nos distinguía. Lo peor de todo es que ni sé si existe hoy alguien que reflexione sobre estos problemas; ni si la política que se hace hoy sirve para resolverlos, incapacitada para frenar el declive de aquellos sueños autonómicos víctimas de un deterioro imparable.

Optimista como soy debo terminar con un símil positivo, que es tanto como elegir entre el día y la noche, el bien y el mal, el progreso y la decadencia. Me quedo con la iniciativa privada murciana y no con esa máquina dilapidadora de los nombres que emergen en los partidos políticos de hoy. Me quedo con los nombres de los excelentes empresarios y profesionales innovadores murcianos que son motores económicos creadores de riqueza y puestos de trabajo y también valerosos referentes, dignos de admiración y apoyo, de los que hay que aprender, escuchar y ayudar.

No estoy debatiendo sobre la prevalencia de la iniciativa privada sobre la pública. Lo que estoy explicando es para qué sirve una Autonomía. Fundamentalmente para apoyar y desarrollar todo ese bagaje de aciertos y conocimientos. Bastaría con poner todos los recursos autonómicos posibles al servicio de conquistas tan trascendentes. Para eso hay que saber y sentir. A la política de hoy le basta con su sonrisa «profiden» y la contemplación de su orondo ombligo partidista.

10 de junio de 2017

OXIGENACIÓN

Si la oxigenación es tan imprescindible para todo lo que tiene vida y los partidos políticos ignoran este principio irrefutable, será porque están muertos. Los seres humanos podemos vivir sin ingerir alimentos sólidos durante dos semanas; sin beber líquidos durante días, pero no viviremos sin respirar oxígeno, porque sin él, moriríamos pasados unos minutos.

El oxígeno es indispensable para la vida, de igual modo que la obligada regeneración y renovación son mucho más vitales para los partidos políticos que para las plantas, seres humanos, o cualquier otro ser vivo lo es el oxígeno. Los cangrejos regeneran fácilmente sus extremidades después de seccionadas; a las lagartijas, cuando yo era pequeño les cortaba el rabo en la creencia de que siempre volvería a salirle otra vez. Los partidos políticos españoles no saben lo que es oxigenación, ni regeneración con hombres y mujeres nuevos, y por eso mantienen en sus listas, sin oxigenarse, ni renovarlos, a políticos «in aeternum», para toda la eternidad, por los siglos de los siglos.

Una de las causas que motiva la creciente y gigantesca desafección ciudadana hacia los partidos políticos es por el mantenimiento en sus listas durante décadas y décadas a personajes soberbios y mediocres, que desde muy jóvenes, desde la puerta del coche oficial, prometieron no bajarse nunca de él. Cuando un partido político lleva muchos años en el poder crea una casta superior, aparentemente indestructible, que se va apoderando de todo y terminará emparejándose con el paso del tiempo, fusionándose así ambos destinos. Esos políticos eternos creen firmemente que han sido ungidos y nunca podrán ser estigmatizados; por tanto, ahí deberán estar para siempre hasta muy avanzada su decadencia biológica. Nunca contemplarán la posibilidad de que el mismo viento que los llevó hasta ahí, terminará llevándoselos un día. Han perdido la noción elemental de que nada perdura indefinidamente y por eso se resisten a aceptar que en este vertiginoso mundo en el que vivimos hoy, todo vuela y desaparece, por lo que terminarán creyéndose que su exclusivo status personal es un derecho inviolable.

Cuando un partido político entra en crisis, acentúa su declive y pierde el poder del que emanan todos los bienes disfrutados por su casta, convirtiéndose en un ecosistema cadavérico donde todo se transmuta en hostilidad. Ya no hay disponibilidad de miles de cargos de alta calidad donde poder elegir. Ni las listas electorales tienen elasticidad suficiente para dar cobijo a tantos exiliados de alto rango en paro. Es más. Como la intención de voto decrece, también se restringirá el número de afortunados con derecho a mesa y mantel, y comenzará la noche de los cuchillos largos.

Verificado el resultado de las posteriores elecciones, el campo de batalla quedará cubierto de viejas momias políticas fosilizadas, que aún pueden bullir durante algún tiempo en espera de alguna pedrea. Y así, ese partido político que ignoró la importancia de la oxigenación y la regeneración de sus estructuras, pagará un alto precio: el destierro y pérdida de sus canónigas. Esa sentencia política que durará años, se encargará por sí misma de efectuar la oxigenación de ese partido que no supo, ni quiso hacerlo en su día.

Cuando no quiso oxigenarse y optó por tapar la corrupción, a toda velocidad inició el deslizamiento por la pendiente insalvable del desprestigio y desafección. Después de tantos años transcurridos conviviendo y tapando la corrupción; acumulando casos sin tomar medidas políticas transparentes; sin regenerarse y fabricando un discurso hipócrita que dejaba todo aplazado en manos de la justicia, sus dirigentes deberían haber sabido que algún día llegaría la hora definitiva de las sentencias.

El error más grave será tapar, ocultar y engañar, encubriendo tantas evidencias sin intervenir de forma rápida y tajante, por lo que, ante esa tesitura insalvable, sólo le quedará una opción: la refundación. Celebrar un Congreso Extraordinario sólo para elegir un líder, en esos momentos, sería otro error mayúsculo. Su oxigenación es lo más importante para que la sociedad española visualice su cirugía inaplazable, arrepentimiento, ideas y programas. Todo pasa por la refundación y regeneración de su estructura interna y la eliminación de todos los que dirigieron, consintieron o silenciaron su financiación ilegal que acabó por construir una trama delictiva. Esa casta ha devenido en metástasis política. Señoras y señores. No se vayan. Permanezcan atentos a la pantalla. Las elecciones depurarán todo. Oxígeno, más oxígeno. Nuevas personas, nueva política. Lo dejó dicho la genial Lola Flores: «Si me queréis, irse».

23 de junio de 2018

APARIENCIA Y SUBSISTENCIA

Nuestra Autonomía cumple 36 años. Ya ha transcurrido un período histórico lo suficientemente amplio que nos permite analizar y hacer balance de cuanto ha sucedido en nuestra Comunidad Autónoma; en qué hemos avanzado o retrocedido; prosperado o empeorado; cuáles han sido los frutos tangibles o los fracasos infligidos. Todos los años me planteo las mismas dudas y principios a la hora de conmemorar el Aniversario de su implantación y parece que sigo siendo la rara voz que clama en el desierto.

Alguien debiera analizar y hacer un balance serio, objetivo e independiente de lo que reiteradamente vengo sugiriendo. Universidad de Murcia, organizaciones empresariales y sindicales, Consejo Económico y Social, y otras instituciones a las que parece que el asunto no es de su incumbencia, ni se plantean afrontar ese laborioso análisis, salvo su castillo de fuegos artificiales. Como ven, descarto a la Asamblea Regional. Ese es otro lujo de apariencias, solo destinado a la subsistencia de intereses grupales. Puro entretenimiento.

Hoy vuelvo a preguntarme: ¿Cuál es el balance real de la utilidad de nuestra Autonomía? ¿Ha merecido la pena, o es otra frustración colectiva? ¿Para qué sirve esta mastodóntica administración que hemos creado?

¿Hemos hecho algo serio y profundo para transformar nuestra región? ¿La Autonomía ha mejorado la riqueza de la antigua provincia de Murcia que le precedió? ¿Dónde están sus proyectos y programas? ¿Dónde aquella identidad vitalista murciana que nos distinguía antes de todo esto?

La Región de Murcia está sumida en un profundo estado vegetativo de apariencia y subsistencia. No nos engañemos. Ese es el objetivo. La Región de Murcia es una Autonomía marginal e irrelevante dentro del contexto español. Todas las energías reivindicativas se consumen aquí, en la corrala, con muchas declaraciones locales, lloriqueos o voces airadas, pero nunca en el lugar donde se debiera. La Región de Murcia necesita menos intereses partidistas, ideologías sectarias, o palabrería populista, y más propuestas y acuerdos concretos encaminados a servir el verdadero interés regional.

Estamos muy lejos de superar los acrisolados logros históricos de antes cuando éramos considerados como una potencia exportadora conservera y líderes internacionales en el ámbito agrario, llegando a languidecer, hasta ocupar actualmente los últimos puestos entre las regiones más pobres y desfavorecidas de Europa. En mis años jóvenes, desde Murcia, no solo exportábamos las mejores conservas vegetales y los más diversos productos hortofrutícolas, porque también éramos los reyes del mambo en otras muchas actividades. Exportábamos periodistas como Jaime Campmany, Salvador Jiménez o Joaquín Soler Serrano; escritores como Miguel Espinosa o Paco Alemán; pintores como Flores, Vivancos, Gaya o Gómez Cano...

Al escribir ahora todo esto, créanme, no estoy navegando entre el lamento de la pena o la melancolía, sino que estoy desvelando la certeza de que aquí se vivía en el paraíso terrenal, y aquel oasis que Murcia fue, ya no lo es. La huerta de Murcia existió realmente. Esta tierra fue una explosión vegetal, más que una plenitud de la naturaleza, fue un idílico lugar de paisajes inacabables con abundancia de árboles frutales y minúsculos huertos familiares cultivados primorosamente, con agua que corría por doquier al discurrir por acequias y brazales; y los que teníamos muy poco, siempre teníamos algo.

Con la llegada del Estado de las Autonomías y el autogobierno de las regiones, muchos españoles como yo dedicamos nuestros mejores años a su puesta en marcha y consolidación. Allí quedaron fosilizados nuestro tiempo y nuestros sueños, y aquella realidad histórica se transformó pronto en un efímero declive, convirtiendo después a España también en esta grotesca caricatura de sueños rotos en que nos ha sumido este caos actual de desconexión territorial e insolidaridad, convertida en la España de Babel.

Cada región española lleva su cruz. Euskadi y Cataluña, la del independentismo. Murcia, la de la corrupción y dilapidación del dinero público. Gobernantes irresponsables nos han endeudado hasta los ojos con inventos faraónicos, hasta llegar a los 9.000 millones de euros de hoy. Para entendernos. Esa cifra es igual al doble del presupuesto anual. Si la pagáramos, estaríamos dos años sin sanidad, educación, universidades, servicios sociales, etc. Volver al esplendor y riqueza de la Murcia que fue, libres de deudas, con estos mimbres políticos, es misión imposible, una quimera. De este endeudamiento no saldremos jamás.

También sería una quimera pedir la ejecución de un plan regional elaborado con objetivos precisos y evaluables por un equipo de profesionales y organizaciones relacionadas con la avanzada tecnología de cultivos, producción y comercialización, devolviéndonos nuestra histórica supremacía agroalimentaria, asegurándonos la economía del agua disponible. Algo así como una hoja de ruta, un plan de relanzamiento regional a medio y largo plazo, un modelo productivo elaborado sin demagogias, evaluable y sin partidismos.

Porque si la política sirve para transformar la realidad, ¿dónde están esos programas y proyectos, y qué organizaciones y personas los están ejecutando? No se esfuercen en buscarlos. No se está haciendo nada planificado. No existen. Tampoco existe un plan concreto de amortización de la deuda gigantesca. Nada de nada. Solo política de apariencia y subsistencia, basada en la verborrea y dilapidación del dinero público. Así hemos alcanzado el mayor fracaso. El de no haber aprovechado las ventajas que comporta la gestión de recursos propios. En eso consistía el Estado de las Autonomías, no en la permanente extorsión independentista de Euskadi y Cataluña, o en la permanente verborrea y vaciedad.

9 de junio de 2018

EL ESTADO DE LAS AUTONOMÍAS

El «procés» me ha dejado exhausto. Esa tenacidad independentista tan agresiva y llena de odio, su dinámica insurreccional en la calle enarbolando la falacia del derecho a decidir basado en mentiras, deslealtades e ilegalidades, y un Estado que había dejado pasar todo hasta ahora con su cansino «no habrá referendum», son causas más que sobradas para estar hasta la coronilla de la situación política española y su Estado de las Autonomías en esta España de Babel.

Josep Plá, al ver París iluminado, preguntó: «Oiga, y esto ¿quién lo paga?». Lo mismo digo: «Oiga, y el «procés» ¿quién lo paga?». Me pregunto si el Estado ha iniciado ya una auditoría económica sobre cuánto ha costado a las arcas públicas el festín del «procés», para ir sacando dinero de mi bolsillo. Antes con Pujol y sus «cuatreros cuatribarrados», a cambio de votos en el Congreso, fue macerándose la ruptura con cheques y nuevas transferencias que culminaron con la transformación de la escuela pública catalana en checa de adoctrinamiento y odio contra todo lo español. Después, en 2012, Artur Mas empezó a cambiar las agujas de las vías para provocar el choque de trenes, y por último, cinco años más tarde, Puigdemont quebrantando toda la legalidad constitucional con su declaración unilateral de independencia.

¿Era este el Estado de las Autonomías que queríamos? ¿Solo ha servido para esto? ¿Nos ha acercado más, o nos ha separado a los españoles? El autogobierno, ¿no iba a ser el motor de la eficacia que engrandecería España? Autonomías españolas que han ido desconectándose de la idea solidaria de España, como el golpista gobierno catalán, y otras como la de Murcia con su traje de talla grande autonómico ejerciendo un autogobierno estéril y errático, convirtiendo esta tierra que antes era autosuficiente , en la ruina y superficialidad adocenada que es hoy.

Porque, díganme ustedes, ¿dónde está el antiguo potencial de la vieja provincia de Murcia de mi juventud, hoy desaparecido, cuando antes era el motor del Sureste español, punto de referencia económico y de servicios para Alicante, Almería y Granada, y ahora somos sus subsidiarios? ¿En qué hemos avanzado en Murcia con esta autonomía? ¿Dónde están las previsiones y planes estratégicos, los diagnósticos reales de la situación; las soluciones para los males presentes y del medio plazo?

Desde hace más de veinte años, la Región de Murcia se encuentra inmersa en un agujero negro del que es imposible emerger. Una sucesión inacabable de escándalos bochornosos cuya enumeración soslayo; inversiones mastodónticas estériles; líderes autonómicos improvisados para gobernar el desgobierno.

En mi artículo titulado «El mar muerto» dedicado al Mar Menor, dudé sobre la conveniencia de un título así. Me quedé corto. Veo ahora unas fotos aéreas terroríficas con el verde pardusco inquietante del Mar Menor, contrastando con el azul del Mediterráneo. Se han cegado también las golas, sobre todo la principal, la gola de las Encañizadas. El Mar Menor, que debiera llamarse ahora el Mar de la Autonomía, no respira, se asfixia. Su fondo, también colmatado, está matando su rico plancton y las aguas están infectadas con los nutrientes agrícolas y minerales vertidos, altamente tóxicos.

He observado un fenómeno extraño que nadie me explica. El año pasado se batieron todos los records de pesca del langostino, más kilos, más gordos y más grandes que nunca, pero con menos sabor. Esta temporada de otoño los encuentro más insípidos aún. Haga una prueba. Separe su cabeza antes de absorber sus jugos como siempre y observe como ha desaparecido su intenso verdor anterior y sabor, y ahora tienen todo el aspecto del langostino congelado de Pescanova. Menos plancton, más nutrientes desconocidos y más agua contaminada. Ojalá solo sea su aspecto. Todo ha ocurrido con nuestras competencias autonómicas asumidas plenamente.

Hace un año, en mi artículo «Pasajeros al tren», abordé la tomadura de pelo que desde el 8 de Enero de 2001, —hace ya 16 años—, han consentido con su silencio, sumisión e incapacidad Comunidad Autónoma y Ayuntamiento de Murcia con el continuo aplazamiento de la llegada del AVE. Un AVE de despropósito que recorre media España en vez de venir por su trayecto natural de la variante de Camarillas. Como la vergüenza del apeadero pueblerino de nuestra Estación.

La crisis del Estado de las Autonomías es realmente una crisis de liderazgo. No tenemos verdaderos líderes. Tenemos, eso sí, líderes fanáticos independentistas que desprecian los derechos y la democracia; otros son líderes de guardarropía teatral, vestidos así en el cuarto oscuro de un partido, sin solidez alguna; otros, se han erigido en tales apoyados en la demagogia, sirviéndose de las masas populares y distorsionando sus anhelos. Más que lideres son desestabilizadores profesionales legalizados. Esa es la gran crisis española, la falta de líderes. Líderes que armonicen bien común con honradez y eficacia, y vocación verdadera de servicio a los demás. En la Transición hubo avalancha de líderes. Líderes históricos venidos desde el exilio con la mochila ética y testimonial, y otros que estaban aquí luchando por la implantación de la democracia. Pero lo más importante fue el ejército de líderes jóvenes, llamados los PNN (Profesores No Numerarios), nacidos con la democracia. Hoy peinan canas o están jubilados. Se acabaron los líderes. Ahora tenemos ambiciosos profesionales de la política en vez de líderes.

14 de octubre de 2017

CORRUPCIÓN POLÍTICA

Comencemos por el principio. El orden y distribución de funciones del Estado se basa en la división de estos tres poderes: Legislativo, Ejecutivo y Judicial. Son órganos supremos e independientes el uno del otro, y si dejan de serlo, se desmorona toda la arquitectura del Estado de Derecho. Hoy, el Poder Judicial español está sufriendo ataques del Legislativo y Ejecutivo, que están minando su independencia mediante intervenciones de los partidos políticos que perturban esa función judicial. Hasta aquí llego. Llego hasta aquí porque tendría que remontarme desde el Derecho Romano hasta Montesquieu y el derecho comparado, y ni yo soy un experto constitucionalista, ni a mí me corresponde esa tarea. Lo que digo es que desde la política actual, se está conculcando la independencia del Poder Judicial de forma incorrecta y abusiva por los partidos políticos.

Sorprende que un Ministro de Justicia maneje con tanta imprecisión lo que es una Resolución definitiva y una Resolución firme, y que confunda también lo que define la presunción de inocencia aplicable en un proceso penal, con las responsabilidades políticas, ya desveladas y señaladas como consecuencia de las resoluciones judiciales y de los indicios racionales de criminalidad que las han motivado. No hay que otorgar más tiempo al cargo público para que se culmine su cese o dimisión, porque ya ha quedado inhabilitado como sospechoso y sus actuaciones producirán desconfianza en la sociedad. Ahí quedan sustanciadas las responsabilidades políticas. Es básica la diferenciación de responsabilidades políticas y delitos penales en los casos de corrupción política. Hoy, veo más retrocesos que avances en la aceptación de estos principios porque son los partidos políticos los que configuran los órganos de los tres poderes y anteponen sus intereses partidistas, tapando los numerosos casos de corrupción protagonizados por ellos directa o indirectamente.

Que el PP esté enrocado en su posición de «mantener en su cargo a los investigados por corrupción hasta la apertura del juicio oral porque se podría vulnerar el principio de presunción de inocencia», es una posverdad y una amoralidad que obstruye la regeneración democrática, irrita a la ciudadanía y deteriora la calidad democrática. Aumenta un clima indeseado de tensión por la larga presión mediática hasta el juicio oral que tardará años en llegar y acrecentará la desafección de la ciudadanía agrietando todo el sistema democrático. PP y PSOE, defensores del juicio oral como momento concreto, ¿no han asumido todavía que la corrupción política es una de las dos máximas preocupaciones de los españoles? ¿Para cuándo dejan la presentación en el Congreso de una Proposición de Ley de Regeneración y Calidad Democrática? ¿El ejercicio de la política tiene que devenir necesariamente en imputación judicial para sustanciar las responsabilidades políticas?

Una democracia fuerte no puede funcionar soportando diariamente el espectáculo de los cargos públicos que van de Juzgado a Juzgado, hasta que se produce el Auto de apertura del juicio oral. Solo se alcanzará esa fortaleza con políticos e instituciones limpias y fuera de toda sospecha. Es una exigencia moral ineludible para evitar los años de espera del juicio oral, pero sobre todo, porque el cargo público lleva aparejado un testimonio ético, pleno de integridad, y el investigado no cumple esos requisitos.

En la moralidad pública y responsabilidades políticas, se resume la guía de conducta que los políticos y los partidos en que militan deben acatar y no derivarlas hacia el Código Penal, la otra vía distinta y válida para todos los ciudadanos, iguales ante la ley, y que los Juzgados sustanciarán y resolverán, dictando sentencia absolutoria o condenatoria en causa penal. Resolviendo aparte las responsabilidades políticas cesa el vértigo mediático, y el cargo público cesado o dimitido disfrutará entonces de la presunción de inocencia penal, tan pregonada por el PP. Solo en ese ámbito, porque las responsabilidades ya se saldaron con el cese.

También le vendría muy bien a la Justicia al quedar liberada de la presión mediática de ahora y los jueces dejarían de estar en el ojo del huracán, dudando de su independencia. Mi amigo el jurista Julio Padilla tiene razón cuando dice que si un Juez quiere ser independiente, por muchas presiones que reciba, siempre será independiente. Es lo que ocurre normalmente, salvo que, aisladamente, algún Juez quisiera hacer méritos por sus aspiraciones de ascenso o cargo de mayor relevancia, y sería entonces cuando entraríamos en tierras movedizas. Los españoles consideran que la corrupción es el principal problema de España. Transparencia Internacional clasifica a España en la peor valoración de su historia y ha sufrido un fuerte retroceso en comparación con el resto de los países de la UE.

Todos estos argumentos explican el daño que causa la corrupción política y el mantenimiento de los investigados en cargos públicos, motivo de la desafección de los ciudadanos y el ascenso del populismo. Los partidos políticos son los responsables de que todo haya llegado hasta aquí.

29 de abril de 2017

EL RUNRÚN

Al celebrarse el Día de la Región basta un análisis pormenorizado para comprobar que la realidad en nada se parece a la fiesta institucional protagonizada por el oficialismo, al que acompañarán los tiraboleiros del botafumeiro con el sentimiento popular de espaldas a ella.

No veo líderes murcianos capaces de protagonizar esfuerzos institucionales para recuperar las cotas de bienestar anteriores, ni ilusión colectiva alguna, ni siquiera alguien que haga un análisis certero, o aproximativo, de cómo debemos afrontar la inmensa deuda endosada por los caprichos y frivolidades de los gobiernos autonómicos de mayorías arrasadoras y artificiales, construidas con la falacia de las cinco circunscripciones desde que se aprobó el primer Estatuto. Esas mayorías nos han conducido a la devastación económica, coincidente también con la pérdida de nuestra propia identidad.

El 23 de julio de 2015 la Asamblea Regional aprobó la reforma de la Ley Electoral donde se estableció la circunscripción única y la reducción al 3% de votos para acceder a la Asamblea, terminando con la artificialidad de las cinco circunscripciones. Ese fue un grandísimo acierto auspiciado por Ciudadanos, hoy desaparecido con la gloria de esa tenacidad democrática.

Al mismo tiempo que se conocieron los últimos resultados electorales, empezó a activarse un bullicioso runruneo insinuando la conveniencia de volver a las cinco circunscripciones, porque «la circunscripción única va en contra de la representación territorial». La técnica de la conspiración política siempre empieza con el runrún, activando el runruneo. RAE define al runrún como «ruido confuso de voces», mientras que Dª María Moliner lo considera «un rumor que corre entre la gente». Con el pretexto del runruneo he disfrutado de una tarde prodigiosa con Victorino Polo, el que habla el castellano más puro desde el Siglo de Oro hasta hoy, y da en la diana, definiéndome el runruneo político con este verso de un poeta del XIX llamado Quintana, que me recita: «El ruido con que rueda la ronca tempestad».

No es solo el runruneo. Los líderes políticos españoles exhiben sus conocimientos profundos de la onomatopeya, y así, sus consignas nos llegan como voces envueltas en sonidos y tonalidades que oscilan entre la razón y lo irracional, entre el sonido animal y la pretensión gutural humana. El zureo de la paloma es el sonido inspirador con que Pablo Iglesias susurra hoy las palabras para no dar miedo como hacía antes; Abascal ha adoptado el graznido agudo y poderoso del trompeteo del pavo real; los líderes secundarios, unos imitando el glugluteo de las parvadas de pavos cuando iban antes por las calles, camino del mercado navideño; y otros, engreídos y sacando pecho como el palomo buchón, creyendo equivocadamente que serán eternos. Nadie imita al ruiseñor, ni al jilguero, ni siquiera al gorrión. Solo practican el runruneo.

Permítanme que vuelva al origen y desvele una tesis mía que no le he escuchado a nadie. Muerto Franco llegó la Transición y hubo que desarrollar todo el entramado democrático y constitucional protagonizado por unos líderes excepcionales. ¿En qué se basaron? En la interpretación correcta de dos principios preferentes fijados por la ciudadanía: los deseos de cambio pacífico y descentralización. Sobre estos dos principios clave giró todo.

Queríamos cambiar todo y ese fue el motor acelerado de nuestra política con la esperanza de que ese deseado cambio mejorara nuestras vidas. Ahora veo que el cambio no era una verdad absoluta en sí mismo porque olvidamos identificar cambio con mejoría. Hay muchas cosas que han cambiado para peor, desgraciadamente.

El segundo motor fue la descentralización. Queríamos descentralizar todo y así nació el Estado de las Autonomías con un nivel altísimo de autogobierno, desconocido en muchísimos países desarrollados hasta el día de hoy. No solo se implantó una España autonómica. También afectó a los Ayuntamientos a los que se les dotó de nuevas competencias y se reforzaron sus vías de financiación. Queríamos crear también las comarcas, que nunca existieron, salvo en su nomenclatura, ni tuvieron estructura alguna, ni medios económicos, ni dotación humana. Nunca se constituyeron como tales. Fue imposible crear esa nueva división. En ese asunto de la comarcalización nos sirvió de inspiración un magnífico libro de un joven profesor universitario murciano llamado Antonio Marín que después sería el magnífico Catedrático de Derecho Administrativo en que se convirtió.

Dos testigos excepcionales de la época, mis extraordinarios amigos Carlos Collado y Pedro Antonio Ríos, lúcidos y protagonistas, me ilustran abundantemente de cómo las comarcas, solo intuidas, se transformaron en un instrumento de manipulación política para consolidar el bipartidismo e inventaron las circunscripciones, en perjuicio del resto de partidos. Así, entre el sistema D´Hondt y las cinco circunscripciones, se garantizaba una mayoría suficiente otorgándosela al partido más votado y se expulsaba a los moscardones. Este fue el asunto más espinoso en la creación de la Autonomía. El Estatuto quedó paralizado en su tramitación y no avanzaba por causa de este tema, hasta que se reunieron en secreto Luis Egea (UCD) y Juma Cañizares (PSOE). Ellos solicos. Acordaron incluir las circunscripciones como Disposición Adicional segunda. Y así se quedó.

Para eso servían las circunscripciones. Basta de demagogias territoriales, porque para que estén Pepito o Juanito, un pueblo u otro en las listas, están los partidos políticos poniendo a quien quieren según sus intereses partidistas. Hoy la vuelta atrás volviendo a las cinco circunscripciones sería imposible con el nuevo mapa político español, excluyendo a los nuevos partidos en beneficio de un bipartidismo ya inexistente.

Enlazo el final con el principio. No son mayorías arrasadoras lo que hay que construir, porque siempre conducen a las catástrofes que hemos vivido y basta con mirar atrás. Lo que hace falta es que los partidos políticos se olviden de sus propuestas excluyentes, de sus intereses y hasta de sus ideologías, si fuera verdad que las tienen, para darle primacía al diálogo, al pacto, al consenso. No hay otra fórmula. Y sobre todo desterrar el runruneo.

08 de junio de 2019

APOCALIPSIS MURCIANO

Nadie en su sano juicio pudo imaginar que terminaríamos llegando a una situación tan dantesca como la que vivimos hoy en el Mar Menor por causa de la incapacidad, dejación e irresponsabilidad, protagonizada por la propia Comunidad Autónoma, la Confederación Hidrográfica y principalmente hasta el mismísimo Gobierno de España, en una tragedia que han consumado mancomunadamente y de la que son culpables.

Los estertores de miles de peces envenenados huyendo de la asfixia, con su muerte convulsa en tierra, a la vista de nuestros propios ojos, nos han dejado así el legado de su acusación en el provocado genocidio del Mar Menor. Por eso han venido a morir en tierra a nuestros pies, en la misma playa. Esas imágenes están dando la vuelta al mundo ahora mismo para nuestra vergüenza y desconsuelo.

En los años que llevamos de Autonomía hemos conseguido parecernos o igualarnos a los mares contaminados de Indonesia con sus vertidos de basura y mierda, pero lo hemos hecho con procedimientos más sofisticados y terribles. Aquí, hemos vertido al Mar Menor incontroladamente, día y noche, residuos minerales altamente venenosos, como también nitratos, pesticidas y productos químicos, mientras que esos tres presuntos culpables, Comunidad Autónoma, Confederación y Gobierno de España, consentían o miraban con pasividad hacia otro lado, siendo conscientes de que al final llegaríamos a esto. La Justicia, si no la torpedean, terminará resolviendo y culpando a los verdaderos responsables.

Ahora que la tragedia se ha consumado, posiblemente nos incluirán a nosotros también dentro de la lista de los records de contaminación en el mundo. Como el Lago Karachay de Rusia, donde se vierten los deshechos de una central nuclear; Linfen en China, el Rio Citrarum en Indonesia, Chernobyl, Zambia, y muchos más. Quién sabe si después de todo esto no llegaremos a convertirnos en otro mar de Aral. Esto que digo no es nada nuevo. Lo vengo escribiendo desde hace tiempo. En «Baños de mar» (20-08-16) y «El mar muerto» (16-09-17) quedó todo denunciado, como otros artículos míos anteriores, hablando de la esterilidad política autonómica.

El Mar Menor es el receptor de todos los males, de todas las inmundicias, y por ello deberán responder inmediatamente ante la Justicia, Gobierno de España, Comunidad Autónoma, Confederación y Ayuntamientos. De los emisarios que vierten aguas fecales al Mar Menor con altísimo nivel de enterococos; de plomo, cadmio, níquel, arsénico y otros vertidos de residuos minerales altamente tóxicos procedentes de la Rambla del Beal; vertidos clandestinos soterrados de salmuera de agricultores explotadores y desaprensivos; las tropelías urbanísticas aprobadas o consentidas por Comunidad Autónoma y Ayuntamientos, antes y después de la burbuja inmobiliaria, y no se derriban; los puertos deportivos excesivos y embarcaciones altamente contaminantes; construcciones en La Manga sin demoler que vulneran los mojones de zona marítimo terrestre y los emisarios que han quedado al descubierto en sus playas; parajes de riqueza ecológica básica en las bocanas de las encañizadas destruyéndolo todo con chalets metidos en el agua; las playas artificiales del Mar Menor con tierras de ramblizo que han colmatado el suelo marino y su plancton, sin saber quién lo ha autorizado; el Parque Natural de las Salinas y Arenales de San Pedro del Pinatar, donde no existe control, ni vigilancia alguna, saturado de coches que aparcan indiscriminadamente en los arcenes destruyendo la flora de las dunas; dos puertos deportivos superpoblados con centros comerciales de construcción abusiva, chiringuitos, y miles de visitantes diarios sin fijarles número limitativo; los vertidos de pesticidas, nitratos y restos de abonos químicos. Debería seguir denunciando otros asuntos, pero ya no tengo más espacio. La Fiscalía los completará.

¿Y qué podemos hacer ahora? ¿Vamos a seguir callando dando por bueno que estos partidos ineficaces lo resuelvan todo con un rifirrafe pasajero y después a olvidar? Desde luego que no. Si no actuamos, nosotros seremos los culpables. Exigimos celeridad y contundencia a la Justicia que debe juzgar con rigor todas las tropelías urbanísticas, la dejación en las infraestructuras, o la posible connivencia onerosa con muchos culpables de esta tragedia ecológica que son tanto el PSOE como PP, que en mayor o menor grado y en distintos periodos históricos han gobernado la Comunidad.

Solo existe una salida que ni le ha pasado por la cabeza a los gobernantes autonómicos. Es imprescindible la creación urgente de un Gabinete de Crisis, con autonomía, poder, independencia, presupuesto, capacidad y credibilidad, que asuma responsablemente la urgente reconducción de esta tragedia, y al mismo tiempo que las Consejerías queden subordinadas a la ejecución de todas las decisiones urgentes que deben tomarse; la implicación del Gobierno de España y la Confederación. Todo esto debe hacerse ya. Y si la Asamblea Regional no es capaz de adoptar un acuerdo unánime sobre esto, que la cierren.

De momento, yo le advierto a los que piden el voto para el próximo 10 de noviembre, que si no está funcionando ese Gabinete de Crisis del que hablo, emitiré en las urnas mi voto nulo, porque en él escribiré cuanto digo. Como no hagamos esto, seguirán vegetando, aplazando y causando mayores ruinas.

22 de octubre de 2019

INVISIBLES NO CONFINADOS

El don de conocer el significado de las palabras no solo se alcanza con el uso rutinario que cada día hacemos de ellas. Una sola palabra, por sí misma, es capaz de definirnos con precisión todo ese mundo que deja de ser inaccesible cuando la pronuncias atinadamente; o se despliega descubriéndote un paisaje inabarcable; o te recoge en un espacio mínimo e íntimo en sus breves términos definitorios. Las palabras tienen alma y magia y para acertar en su uso sin equivocarnos debemos desentrañar su verdadero significado, si es preciso, consultando el diccionario de la RAE, pero añadiéndole nuestro amor por ellas o recordando todo lo que hemos leído y vivido.

Cuanto digo guarda relación con el coronavirus que ya ha cumplido un año de asedio contra los humanos, como también está a punto de cumplirlo el confinamiento que le acarreó a España. La RAE en su segunda acepción, define el confinamiento como «aislamiento de la población por razones de salud decretado por el Gobierno». El confinamiento se dictó en marzo de 2020 al producirse la primera ola. Ahora no estamos confinados. Allá cada cual, dice el Gobierno. La España de Babel que es hoy España, dotada cada Comunidad de bandera, alabardero y tambor propios, y dentro de sus límites territoriales al que sus líderes más «lumbreras» suelen llamar fronteras, son los encargados de controlar a su aire esta gravísima pandemia. Ahora no estamos confinados, ni recluidos obligatoriamente en nuestros domicilios, pero sí separados perimetralmente por líneas inexistentes, sin control operativo eficaz. Luego agotado el confinamiento por caída en desuso, deberíamos encontrar otra palabra adecuada que sería de aplicación en este vertiginoso instante de la pandemia.

La respuesta nos la da una vez más nuestro señor Don Quijote. Culminada la burla del cura, el bachiller y el barbero apartándolo de la caballería andante, a ese tiempo de confinamiento obligado, Don Quijote lo llamó de recogimiento, y decidió hacerse pastor. Fue entonces cuando pronunció su impecable discurso a los cabreros. «Si a ti te parece bien, querría, ¡oh Sancho!, que nos convirtiésemos en pastores, siquiera el tiempo que tengo de estar recogido». Recogidos voluntariamente quiere el Gobierno que estemos, lo cual no es verdaderamente malo, puesto que nos sosegaría frente a esta política soez de hoy, aportándonos silencio y paz.

«Lasciete ogni speranza, voi ch'entrate» (abandonad toda esperanza quienes aquí entráis) Esto es lo que está escrito en la puerta del infierno de Dante. Así me encuentro hoy yo, a una tan edad avanzada, preguntándome quién soy, qué estoy haciendo ahora aquí esperando una vacuna que, pese a la prontitud de la ciencia en descubrirla, la tienen almacenada en frigoríficos sin saber agilizar sus vacunaciones. Con esa forma de gobernar tan inactiva que se lleva ahora, tampoco sé en qué consiste este tiempo, pero entreveo que el mundo que conocíamos difícilmente volverá, porque las normas sociales por las que nos regíamos y los hábitos que practicábamos, se han volatilizado como esa gente que desaparece sin despedirse.

Borges llamó a la vejez «el ultraje de los años», pero es que él no previó la llegada del Covid, que arrastra por igual a jóvenes y viejos, haciéndolos iguales en cansancio y fragilidad llegado el fatídico contagio. La sociedad de nuestro tiempo se inventó la marginación obligada del anciano, recluyéndolo inactivo a cambio de una modesta pensión. Se convirtió en un ser opaco, sin visibilidad alguna, huérfano de los hábitos y cosas en que estaba fundado el mundo en que soñaba.

Pero es que el Covid agravó esa situación y lo convirtió en carne de cañón. Ahora son invisibles e intocables y solo se les verá en el momento del adiós. Hoy, sorprendentemente, la invisibilidad le afecta a toda la sociedad, ya sean jóvenes o viejos. No es que a los seres que la integran no se les vea porque estén confinados. Hasta los elegidos y triunfadores también son invisibles e intocables, o en el mejor de los casos, los elegidos, por ser seres excepcionales, no serán humanos a los que se les puede tocar, porque solo son héroes fugaces virtuales.

Les voy a poner solo tres ejemplos de mi tierra, que es Murcia, entre los que acaban de alcanzar fama mundial. Uno, Jaime Lorente López, murciano del Barrio del Carmen. Tiene 28 años, es actor y se ha hecho famoso de la noche a la mañana. En Instagram tiene 16 millones de seguidores, primero triunfó en «La casa de papel» y ahora en «El Cid». Es un héroe virtual que no ha culminado el sueño más preciado. Ser querido y toqueteado como héroe por las gentes de su ciudad, como lo son los héroes reales de carne y hueso. Dos.

David Cánovas Martínez, murciano de Alhama. Tiene 23 años y se apoda «The Grefg». Cuenta con 12 millones de seguidores en TWITCH, la plataforma que permite realizar transmisiones en vivo a través de Youtube. Está ganando millones a espuertas y ha dicho virtualmente: «Ahí os quedáis». Se ha domiciliado en Andorra. Se ve que no quiere que ni Pedro Sánchez, ni el Coletas le administren la lluvia de millones que está amasando. Tres. Carlos Alcaraz Garfia, murciano de El Palmar. Tiene 17 años, es tenista y va lanzado como un meteorito hacia el estrellato del tenis mundial. Cuando esto escribo acaba de clasificarse para el Open de Australia. También este es otro triunfador virtual, pero de los tres, es al que veo como el más real héroe humano.

Si yo no fuera invisible como soy ahora, y tuviera a mano mi vieja Radio Juventud, estos tres virtuales se iban a enterar de lo que es bueno. Los transformaría en héroes humanos que, llevados en volandas en su propia tierra, se convertirían en nuestra divisa; ahora que estamos tan huérfanos de héroes y sobrados de mediocridades y cantamañanas. Desde la Odisea, la vuelta al hogar es el espacio que hace posible esos milagros.

Una cosa es cierta. La pandemia nos ha impuesto como modelo de vida un nuevo mundo más decadente y triste, que también ha acarreado el fin del disfrute del otro modo de vivir anterior donde imperaba la alegría de vivir. El recogimiento quijotesco al que aspiro, es fruto del diseño personal con el que voy sometiendo al confinamiento e invisibilidad, lo que me permite alejarme del griterío, la ansiedad y el mendaz tipo de política que se practica hoy en España.

Aunque siga extendiéndose esta descontrolada pandemia, yo no veo el final del mundo, pero sí que habríamos llegado a la antecámara de una vida distinta, con menos disfrute de todo lo que hemos tenido hasta ahora, por lo que el mundo no volverá a ser el mismo.

23 de enero de 2021

MUERTO EL SENY, SEXO

En 1873, el catalán Estanislao Figueras, primer presidente de la Primera República Española, dijo: «Señores, voy a serles franco; estoy hasta los cojones de todos nosotros». Más tarde hizo algo más. Cogió un tren en la estación de Atocha y se fue. También yo, que estoy hasta los mismísimos, hoy no hablaré de Puigdemont y Junquera, ni del 155, ni del independentismo. Muerto el seny, recobremos el sexo como tabla de salvación. Denme la mano y hagamos un viaje en el tiempo, porque hoy les voy a llevar a la Murcia de mi juventud, donde el sexo no era pecado, sino un mundo «felliniano» lleno de alegría y ganas de vivir.

Durante la década de los cincuenta del siglo pasado, en plena dictadura, con normas oficiales tan estrictas y los propios hábitos sociales de la época, la cuestión del sexo y los placeres que comporta eran prohibitivos. Ahí estaban también los jesuitas, advirtiéndonos que nos podríamos quedar tísicos si seguíamos practicando el onanismo y la Santa Misión que provocaba histerias colectivas con procesiones medievales despertándonos en la alta madrugada, bajo pretexto de ahuyentar al demonio que nos arrastraba al pecado. Y los misioneros dominicos cantando: «El demonio en la oreja te está diciendo /deja misa y rosario/ sigue durmiendo. /Viva

María, viva el rosario/ viva Santo Domingo que lo ha fundado».

Los jóvenes de hoy no tienen esos problemas, aunque sí otros más serios, como la desesperanza ocasionada por la falta de trabajo y un futuro incierto. Los jóvenes que ayer fuimos, la frontera la teníamos fijada en la concupiscencia. Visto con cierta ternura ese vicio de juventud, los burdeles de entonces cuyo centro neurálgico estaba en la Cuesta de la Magdalena, producen una nostálgica efervescencia de virilidad. Mi ilustre amigo el periodista Ibarra le hizo una entrevista a Camilo José Cela después de visitar la casa de la Tina en la calle del Baraundillo y le dijo que la Tina y sus muchachas «eran gente respetable y de mucha confianza». Raimundo el del Rincón de Pepe, me dice que la Eva estaba establecida muy cerca del restaurante y comandaba abundante servicio de langostas y cigalas en muy señaladas celebraciones para gente de poderío.

La Bilbao -regentada por Doña Rosa Lajarza Larrabide- en la Cuesta de la Magdalena, era la casa más prestigiosa y estaba establecida frente por frente a la puerta de la sacristía de la iglesia de San Nicolás, desde donde salía de madrugada embozado en su severo manteo negro y con teja de sombrero eclesial, mi fraterno amigo el cura Juan, llevándole la comunión a alguna pupila de la Bilbao, gravemente enferma. La noche anterior no había fornicio y todas se confesaban. La casa se adornaba y purificaba con romero y otras ramas olorosas. Es más, Doña Rosa, que debía de ser muy devota, llevaba a sus pupilas vestidas de «manolas», con mantilla de blonda, guantes calados y rosario de nácar a visitar los Monumentos de Jueves Santo.

Había otros prostíbulos de menos relumbrón pero muy eficaces, como Julia «la Penalty» y su grito de guerra: «Nene, ¿echamos un penalty?»; y la Carmen Miranda, llamada así porque lucía un tocado frutal en la cabeza como la actriz de musicales del cine de la época y que fingía orgasmos, mientras comía pipas de girasol jadeando: «¡Ay nene, que gusto me da!». Las espectaculares reinas de la mancebía Pepita la fortunera y Maruja la guapa, que aguantaron en el oficio hasta la demolición de la Cuesta y sus instituciones colaterales. Por esos días aniquiladores, con el espíritu de «Amarcord», Juan García Abellán y yo hicimos una visita de cortesía al bar que regentaban y les prometió escribir una novela sobre sus vidas que se titularía «Murieron con las bragas puestas». Antes de que se consumara la ruina y condena a muerte de la Cuesta, se derrumbó el balcón de un edificio desde donde unas prostitutas proclamaban sus bondades, resultando malheridas. Al ser informado, el obispo Sanahuja exclamó: «pobres putas, pobres putas».

También existían otras opciones económicas, como las expertísimas pajilleras, únicas en el género, que ejercían en el parque de Ruiz-Hidalgo aguardando la salida en tromba de los futuros bachilleres del Instituto Alfonso X el Sabio. La pajillera preguntaba: «Nenico, ¿la quieres a pelo o con música?» La segunda especialidad tenía recargo de una peseta. Si aceptabas, se colocaba una pulsera de cascabeles en la muñeca cuyo sonido rítmico y cantarín armonizaba el trote agitado de los jóvenes y briosos corceles.

La perla afrodisiaca murciana fueron los Baños de Mula, la joya popular más apreciada de nuestros Balnearios. El del Nacimiento sorteaba diez baños gratis en combinación con el cupón de los ciegos. Eran el lugar de peregrinación de los novios salidos de más, provocando así el adelantamiento de su boda, sin ceremonias. Eran aguas legendarias, indicadísimas en casos de pasajera esterilidad. Miles de hijos autóctonos lo fueron, en realidad, de los Baños de Mula.

Existía otro desenfreno erótico, este de disfrute sólo contemplativo, viendo ligeras de ropa a las vedettes y vicetiples en el Romea. Fueron las compañías de Celia Gámez, con un elenco de estrellas como Conchita Velasco; la de Zorí, Santos y Codeso; Maestro Cabrera y sobre todo las «Alegres chicas de Colsada». Todas colaboraron con ahínco en su empeño balsámico de suavizar la moral rígida y pacata que asfixiaba a la sociedad española. También existían otros espectáculos populares ambulantes llegados con las fiestas locales instalados en la Feria, como el Teatro Argentino y el Teatro Chino de Manolita Chen, «el cabaret ambulante de los pobres», llegados en septiembre con abundantes vedettes.

La aventura erótica se quedaba en eso. Ponerte encendido con la vista y la certeza de que el onanismo posterior te llevaría a la regañina memorable del jesuita Padre Solís al confesarle tus descarriados y solitarios pecados sexuales. Moraleja: el Padre Solis sí que tenía seny, no era como Puigdemont que sólo luce pelambrera y si practicara otras cosas estaría más relajado y se sentiría mejor.

28 de octubre de 2017

EL DÍA DE MAÑANA

A veinticuatro horas del desafío independentista catalán empiezo a tener la sensación de que todos los españoles avanzamos hacia un precipicio. Tenemos sobrados motivos para estar seriamente preocupados, porque la cuerda, tensada desde hace mucho tiempo, no resiste más. Vivimos hoy las vísperas catalanas, y siendo vísperas, debería comenzar este artículo con la misma invocación que emplea la Liturgia de las Horas al inicio del oficio divino: «Deus, in adiutorium meun intende. Dómine, ad adiuvandum me festina.» (Dios mío, ven en mi auxilio. Señor, date prisa en socorrerme). El asunto no es para menos.

Hoy es la víspera del referéndum fraudulento, ilegal y antidemocrático, tramado por la Generalidad y el Parlamento catalán con la pretensión de certificar como hecho consumado su secesión unilateral. Esto quiere decir que si mañana triunfaran sus votos en las urnas, aunque fueran pocos, hoy que soy español, mañana me convertiría en extranjero en Cataluña, y al día siguiente podría pasearme por las Ramblas, de arriba abajo, gritando: soy un español extranjero en su patria, soy extranjero en Cataluña, víctima de los sediciosos que han destruido España. Lo que buscan es la consolidación de la vía de los hechos consumados, y por eso es imprescindible que el Estado aborte ese reto en el que los golpistas están escenificando todo su poder, para derrotarlo. Esa es la clave del conflicto de mañana.

La victoria en esa votación fraudulenta quedaría ahí para siempre como un hecho consumado, porque saben que históricamente todos los Estados nacen, casi siempre, por la vía de los hechos. El resultado de sus votos solitarios quedaría ahí respaldándoles para el futuro, y pronto se olvidarían todos los quebrantamientos democráticos y el desprecio de la ley con que se obtuvo. Los independentistas están actuando por la vía de los hechos, no del Derecho. El debate está radicalizado entre los que apuestan por su celebración, bien por intereses rupturistas o la incapacidad del Gobierno para impedirlo. Sin embargo, siempre he estado convencido que al Estado le asiste la razón y la ley, y es más fuerte que los golpistas, por lo que esa rebelión fracasará. Lo que se sustancia mañana, -el día en que vivimos peligrosamente-, es la visualización de la máxima política de que todo el poder del Estado y la democracia deben prevalecer sobre los sediciosos evitando la voladura de la Constitución, la democracia y los vínculos históricos.

En Cataluña nunca se había llegado tan lejos, y este febril desvarío independentista llega después de un largo periodo de jaque al orden constitucional, con premeditada deslealtad, y entendiendo la autonomía como paso previo a la independencia. Han impulsado el engaño masivo del derecho a decidir, precisamente en el momento histórico en que tienen más autogobierno y amplísimas competencias políticas, y sin embargo intentan liquidar el orden estatuario y constitucional.

Si Tarradellas levantara la cabeza y viera convertido en President al pelele que ha puesto ahí la burguesía política catalana, brazo ejecutor de los dinamiteros de las CUP; a Ada Colau agitadora de la rebelión callejera y a Pablo Iglesias que ahora viste la camiseta de «hooligan» del independentismo, al grito de «Visca Catalunya, lliure y soberana»; el inquietante auxilio de Bildu y a Otegui paseando por Barcelona dándole su aliento. Si Tarradellas viera todo esto, digo, al primer grito los fulminaba políticamente, convirtiendo la tempestuosa reunión con Suárez en la Moncloa en un juego de párvulos, comparándolo con todo esto.

Al día de hoy nos encontramos con una Generalidad anticonstitucional y antidemocrática que califica a los buenos y malos catalanes según sus valores; con un Parlamento que silencia a la oposición y saca del agujero oculto leyes rupturistas de un día para otro despreciando el ordenamiento jurídico y parlamentario; suprimiendo desde la demagogia y el populismo derechos y libertades individuales y obligando a los funcionarios a cometer ilegalidades; arruinando el periodo más largo de paz, democracia y libertad jamás disfrutado nunca. Hoy, la víspera, es el día de la incertidumbre, del qué pasará mañana; como también lo es de la firmeza, y la convicción de que al Estado le asiste la ley y la razón democrática e histórica.

El día de mañana, el Estado español será el único que tenga la llave para salir de esta perversa encrucijada ilegal, simple simulacro huérfano de requisito democrático alguno y orquestado por un gobierno autonómico carente de legitimidad porque incumple todas las leyes. Mañana debe terminar la estafa del engañoso derecho a decidir, porque Cataluña no es Kosovo, ni es una colonia, ni está ocupada por una potencia extranjera, ni tampoco se discrimina su lengua, ni su cultura.

Nadie puede predecir qué va a ocurrir mañana, ni el grado de protesta social y violencia que ha diseñado el independentismo, salvo que volverá a imperar el orden constitucional si se impide la celebración de esa farsa de referéndum de autodeterminación tan pernicioso.

El día después, que será pasado mañana, -y eso sí debemos saberlo con certeza-, ya habrá llegado el momento inaplazable en que debe afrontarse con decisión el problema de Cataluña, y no cesar hasta encontrar una fórmula convincente donde prime el principio de igualdad de todos los españoles y no el territorial, para que unos y otros tengan los mismos derechos y los disfruten libremente, restableciéndose la convivencia y la concordia entre españoles y catalanistas, clausurándo el dontancredismo de esta situación tan peligrosa.

El escenario no puede ser otro que el Congreso de los Diputados, donde debe configurarse un marco profundo y urgente de reformas de nuestro Estado de las autonomías. La solución final de esta gravísima crisis ya sólo dependerá de los partidos políticos de ámbito nacional con sincera vocación de consenso constitucional. El futuro está en sus manos. Si yo tuviera el micrófono que antes tuve y ahora no tengo, el de mi vieja Radio Juventud, el día de mañana me lo pasaría gritando: «Viva la Constitución, viva Cataluña, viva España».

30 de septiembre de 2017

TABARNIA

En el mundo entero se habla de Tabarnia. Uno de los temas más destacado en internet es este. Cómo será de desmesurado que ya se ha contagiado hasta EEUU, donde no se toma a broma la posibilidad de que el Estado de California pueda escindirse en dos. La California de las grandes metrópolis de la costa por un lado, y las zonas rurales del interior en otra California.

Igual que en Cataluña. En 2015, coincidiendo con la furia del independentismo catalán más salvaje nació «Barcelona is not Catalonia». Fue una respuesta frontal al independentismo empleando sus mismos argumentos, ridiculizando sus planteamientos. Como broma. Después vino una Plataforma promoviendo la llamada Tabarnia, integrada por Tarragona y Barcelona, separándose de Lérida y Gerona, las zonas rurales donde predomina el independentismo. Esa era la idea.

Al grito de «Cataluña nos roba», la Plataforma demostró que Tabarnia paga a la Generalitat un 32% más de lo que recibe, destinado a subsidiar la Cataluña pobre. La Ley Electoral completa la lista de agravios, ya que Lérida consigue un Diputado con 20.000 votos, mientras que Barcelona necesita 46.000. Con gran sentido del humor, pero de una forma valientemente demoledora, emplean los mismos argumentos que los independentistas impulsan para intentar separarse de

España, y ellos dicen lo mismo, para «aislar a Tarragona y Barcelona de la amenaza separatista».

Tabarnia es lo mejor que podría ocurrirnos a los que nos sentimos españoles y constitucionalistas, como método para hacer frente al rupturismo en su propio campo, utilizando sus mismos argumentos con sentido del humor, y así desenmascarar su miseria provinciana y cateta, dejándolo todo en manos de ese actor genial, valiente y creativo, llamado Albert Boadella.

Tabarnia es hoy el símbolo de la lucha del ingenio contra el fanatismo de los iluminados que están arrastrando hacia la ruina a los catalanes; un instrumento de agitación que ya ha anunciado su propósito de llegar tan lejos como los separatistas. Así, con el espectáculo que están dando al mundo los de Puigdemont, todo podrá terminar en una enorme payasada. Tabarnia, después de años de angustia, nos ha devuelto la sonrisa y nos ha regalado la mejor respuesta que podíamos darle al independentismo. Ahora mucho más todavía, después del nombramiento de Boadella como President del Govern. Es fantástico.

No lo ve así Pablo Iglesias, ni Podemos en su reaparición, después de fracaso en fracaso, arremetiendo contra Tabarnia porque es un circo y activa «la dinámica de la guerra de las banderas». Lo dice el que monta circos en el Congreso de los Diputados y mece al bebé de la Bescansa desde su escaño. A Podemos le gustaría una Tabarnia sometida, silenciada, como igualmente un constitucionalismo derrotado y muerto, mientras ellos entregan sus votos en blanco en el Parlament, imposibilitando una solución distinta al independentismo. Pues a mí me parece de perlas el nacimiento de Tabarnia, burlándose de los que se sienten superiores sin serlo, y han sembrado tanto odio y acabado con la convivencia pacífica.

Felicito al Molt Honorable Albert Boadella en su memorable interpretación de President del Govern de Tabarnia. ¡Al fin! Cuando creía que nunca llegaría desde dentro de Cataluña una respuesta autóctona inteligente y satírica, ha venido usted «desde el exilio» para hacerles el «gest de botifarra» a «tantos capullos disfrazados de segadors», que con ojos en blanco y mueca de odio, entonan «¡Echad mano de la hoz!», usted les responde en clave de humor. ¡Es genial!

Hace muchos años que Boadella venía preparándose para desempeñar ese cargo. Toda su vida. Donde verdaderamente se doctoró fue en «Ubú President», aquella metáfora surrealista catalana en la que describía al Pujol todopoderoso, en una fotografía psicológica que retrató el origen de toda la basura que recogemos hoy.

Después de tantos años transcurridos desde la primera de las tres versiones de Ubú President, Boadella se ha convertido no sólo en un auténtico profeta, sino también en un modélico defensor de la libertad de expresión al que hay que colocar en el altar más alto, sólo reservado a los íntegros y a los héroes. La persecución y asedio de que ha sido víctima en su Cataluña natal, nos está diciendo que la libertad de expresión está vedada en la Cataluña de hoy y aún en plena democracia, sólo es un sueño muy peligroso.

Como usted les perturba, es comprensible que su sátira y denuncias provoquen la furia de los poderosos sediciosos, y después llegue la censura, la cárcel y hasta la muerte del sátiro. Eso querrían hacer con Tabarnia, porque sumando ya tantas simpatías, esta ironía es peligrosa para sus propósitos y tienen miedo, porque «la sátira ha sido siempre la carcajada de la razón frente a la solemnidad de la locura». Así viene ocurriendo desde el comienzo de la Creación. Los Salmos nos avisan diciendo que Dios se reirá de los necios; Homero dijo que el monte Olimpo resonaba con las carcajadas de los dioses; Aristóteles no se quedó atrás y reconoció que el sentido del humor es una reacción natural del ser humano ante la incongruencia, hasta culminar con Voltaire, el gran maestro de la sátira.

Sin embargo, yo me declaro abiertamente ciudadano de Tabarnia, que es una región española administrativa inexistente, pero si es una región que palpita en nuestro espíritu, es un estado de ánimo, una muestra de que España está viva en Cataluña y de la que los independentistas han hecho un lugar irrespirable, imposible para la convivencia y el sentido del humor. Cómo será, que hasta su Parlament lo han convertido en un teatro de catetos para contemplarse el ombligo.

Soy un ciudadano tabarnés. El 26 de junio de 1963, desde el balcón del Ayuntamiento de Schöneberg, situado frente al Muro de Berlín, y acompañado de su alcalde Willy Brant, John F. Kennedy, dijo: «Soy un ciudadano berlinés». Y añadió: «Todos los ciudadanos libres, donde quiera que vivan, son ciudadanos de Berlín». Lo mismo digo de Tabarnia.

3 de febrero de 2018

EL LABERINTO CATALÁN

Por más que me esfuerzo no me entra en la cabeza que todo el poder del Estado de Derecho no disponga de mecanismos capaces para abortar todo el mal que está causando el independentismo catalán y nadie nos diga de dónde sale el río desbordante de dinero imprescindible para financiar el jolgorio internacional que están produciendo desde hace años. Un racista, con el discurso filofascista más radical, ha sido proclamado President de la Generalitat. President a medias, —dice Quim Torra—, porque está guardando el sillón al prófugo Puigdemont. ¿Cuándo volverá el «Ciutadans de Catalunya» de mi añorado Tarradellas y desaparecerán estos energúmenos?

El laberinto catalán cada día va a más. Su provocación rupturista; el Gobierno en el «exilio»; su nuevo proceso constituyente; la ebullición de las calles con las movilizaciones anunciadas y el Consejo de la República, son algunos de sus objetivos ya en marcha. Su próximo paso será la confrontación civil de las dos Cataluñas emanadas del independentismo. ¿No es suficiente lo que tenemos? Llevamos años sin tomar la iniciativa política, dejándoles crecer a sus anchas, o trasladando esa responsabilidad a la justicia.

Los independentistas nos han advertido claramente desde el Parlament, que a partir de ahora ignorarán a ese mismo Parlament, sustituyéndolo por una Asamblea de Electos que prescindirán también del marco legal estatutario y constitucional, del orden democrático establecido y desobedecerán también a los Tribunales de justicia. A mi criterio, con esas actuaciones, ya están incurriendo en un posible delito de conspiración con esas propuestas concretas para delinquir, calificadas como delitos de la más extrema gravedad. Están urdiendo, con careta o sin careta una trama para llevar a Cataluña hasta la independencia unilateral, pasando por encima de todos.

Frente a este objetivo que señalo se está difundiendo otro análisis erróneo, defendido incluso por gobernantes o líderes constitucionalistas bien intencionados, manteniendo que los independentistas pueden decir todo lo que quieran, e incluso asociarse para imponernos su ruptura, ya que nada puede hacerse hasta que culminen finalmente sus despropósitos, porque les ampara la Constitución. Me parece un disparate. Lo que están diciendo y haciendo, nada tiene que ver con la defensa de una idea, o la libertad de expresión, sino que están conspirando en voz alta, y agrupados, están urdiendo la posterior comisión de múltiples delitos de enorme gravedad. Será en fase de tentativa lo que hacen ahora, pero eso también es un delito, no un derecho constitucional.

Habiendo oído todo eso que van a hacer desde el poder, ¿cómo es posible que se permita al llamado Quim Torra y un prófugo huido de la justicia, tengan bajo sus órdenes a una fuerza de policía de más de 17.000 efectivos; que administren turbiamente los impuestos aportados por los catalanes destinándolos a sus festivales independentistas, o distrayéndolos de su utilidad pública, y que sigan manipulando la indecencia informativa producida y difundida por los medios públicos catalanes, como la TV3.

Y la burguesía catalana que les apoya, siendo la verdadera culpable, ¿es posible que esté tan ciega que no vea a dónde están llevando Cataluña? Mientras tanto, la convivencia entre los catalanes sigue desgarrándolos; hundiéndose su economía, desapareciendo puestos de trabajo o anunciándose nueva huida de empresas, avanzando en su autodestrucción. Pío Baroja fue mucho más lejos que yo criticándola hoy. Auspiciado por Lerroux, se plantó en la Casa del Pueblo de Barcelona el 20 de marzo de 1910 y pronunció una incendiaria conferencia. Hace ya 108 años de esto. Fuego echaban sus palabras contra los nacionalistas catalanes. Es más. Terminó urgiendo a los presentes a que destruyeran esa burguesía sin dejar rastro de ella, «por el porvenir de España y Cataluña». Unos meses antes había ocurrido algo terrible: la Semana Trágica de Barcelona.

Y ya que les hablo de Baroja, voy a seguir tirando del hilo. Salvo algunas otras excepciones como Fernando Sabater, ¿dónde están los intelectuales comprometidos y valientes en la España de hoy? Intelectuales que se la jueguen denunciando día y noche a los obscenos y desleales independentistas vascos y catalanes. No los conozco. ¿Dónde se esconden, si es que existen? ¿Qué hacen petrificados, quietos o escondidos? Estoy refiriéndome a intelectuales que se aproximen a la fecundidad de la generación del 98. ¿Es que España no volverá a tener nunca más a un Baroja, Maeztu, Machado, Unamuno, Madariaga, Ganivet, Ortega o Azorín, que eran aquellos que defendían la idea de España en medio de la decadencia?

Me parece que intelectuales críticos como esos que cito pertenecen a una especie en vías de extinción. En esta España de hoy han desaparecido los intelectuales comprometidos, y esa función, ha sido asumida por los tertulianos, que desde el púlpito levantado en la radio y televisión, nos evangelizan con sus discursos triviales. Ahí están los intelectuales de hoy.

Entonces, ¿dónde está la puerta para salir del laberinto catalán? Si no tenemos intelectuales comprometidos con la idea de España y los líderes políticos y gubernamentales practican el dontancredismo, ¿qué le espera a España? El dontancredismo es lo contrario al liderazgo. El líder marca el camino, lo define y ejecuta. El liderazgo corresponde al Gobierno. Díganme, desde que comenzó el conflicto catalán, ¿dónde están las iniciativas? ¿dónde el liderazgo? Estamos perdidos sin nadie que nos guíe en el laberinto, sin liderazgo y sin iniciativas dejadas sólo en manos de los independentistas. Debieran haberse ejecutado iniciativas y respuestas políticas y no las ha habido. El monstruo creció cada día más acompañado del silencio y la inacción, dejando todas las respuestas sólo en manos de la justicia.

Ante tanto desaliento mi corazón se llena de esperanza leyendo a Baroja. Él me alimenta. Lo releo y hago mío el juicio que le merecían los nacionalistas catalanes, arremetiendo con furia contra ellos hasta machacarlos en sus artículos periodísticos. Los llamaba «fariseos afectados, mezquinos, cursis y pasmarotes sin alma», entre otros piropos. Permítame, Don Pío, que añada estos otros calificativos, porque también son catetos racistas y dinamiteros de la convivencia.

26 de mayo de 2018

EL ESTADO DEL MALESTAR

Desde que Galdós publicó sus «Episodios nacionales» en 1873, hasta hoy mismo, España es la víctima que viene sufriendo de forma reiterativa idénticos males, predominando la confrontación estéril y el sectarismo político que da la espalda al interés general; siguen los caciques de ayer convertidos en los impostores facciosos de hoy; la conspiración, los cabildeos y la ineficacia de antes es la misma que hoy, aunque antes usaran bombín y ahora luzcan coleta y pantalón vaquero de marca.

Es posible que los males de la España de hoy sean incluso peores que los de ayer. Hoy imperan las ideologías sectarias populistas y las exaltaciones partidistas con la temeridad del aventurero y el cinismo gubernamental es exhibido con desparpajo, sustituyendo los principios éticos y solidarios por el interés del partido y el territorio. Hoy tampoco tenemos un solo Galdós, ni Unamuno, Maeztu u Ortega. Ni siquiera existe un solo líder sólido de izquierda o derecha con capacidad y autoridad moral para decirle a todos los impostores, hasta aquí hemos llegado.

Mientras tanto sigue creciendo el clima social de desencuentro e irritación, por lo que las instituciones democráticas están en grave crisis de credibilidad y un pueblo español abatido, contempla como desaparece el Estado del bienestar fraguado durante la Transición, suplantado por el Estado del malestar de hoy.

España se debilita aceleradamente con una coalición de gobierno que quiere imponer su programa social comunista como modelo de Estado, obstruyendo un consenso en torno a la Constitución y primando los privilegios económicos e indultos encubiertos a los sediciosos que no cesan en sus maquinaciones independentistas. Por estas cosas, este Estado del malestar emana el aire denso e insano que respiramos.

Sin quererlo o queriendo, Maduro, que es «ese gran demócrata venezolano» y dictador de Venezuela, que goza de las simpatías y apoyo de los líderes gubernamentales españoles de hoy, lo ha dicho bien claro. Lo que hablaron Delcy y Ábalos en territorio español, es secreto. De ese modo, Maduro, ha definido con precisión que todo lo que se fragua en la trastienda de este Gobierno es política secreta. Esto es lo que da miedo: el secreto. Aunque luego lo desmientan, y esclarecida la evidencia de que mienten, vuelven a mentir.

Todo son secretos políticos en la política de Sánchez. Las relaciones y acuerdos secretos con Ezquerra Republicana, lo que se están diciendo y prometiendo, y a cambio de qué; la claudicación vergonzosa bilateral ante Torra, el que desde la Generalidad actúa impunemente con medidas desvinculadoras de todo lo español. Lo único que le interesa a Sánchez son sus votos a cualquier precio. El pago de la factura a su incondicional escudero el PNV, que siempre exige y se lleva la tajada más grande. ¡Qué vergüenza la transferencia de las pensiones rompiendo la caja única! ¿Es esa la ideología de solidaridad e igualdad, y la esencia que postula el PSOE de hoy? ¿Qué están haciendo con los principios socialistas estos inquilinos del Ferráz de hoy? ¿Dónde están los socialistas valientes y demócratas españoles de siempre, que no ven nada de lo que pasa?

La guinda del pastel se culmina con una venganza, una afrenta de parvulario contra la pobre y minúscula Región de Murcia, castigándola por su insumisa conducta electoral. No se le dará ni un miserable euro después de la turné en helicóptero de Sánchez por los territorios afectados durante el último temporal. Si no saben que en España no existen playas privadas, ¿qué podemos esperar de su gestión pública?

Nada de lo que está ocurriendo en la negociación del Gobierno de España y el independentismo catalán tiene que ver con un verdadero y leal propósito de diálogo para restablecer el orden constitucional en Cataluña. Lo que estamos viendo es un despropósito y descarado ejercicio de cinismo. La osadía de reformar todo un Código Penal solo para beneficiar a unos sediciosos irredentos que han delinquido y han sido condenados por la Justicia, que ahora se les libere aceleradamente por la puerta de atrás, aunque ellos reiteren que volverán a hacerlo, es sencillamente inmoral. Sólo este desafío, nos muestra un indicio de valores de Pedro Sánchez, PSOE y Podemos. Lo peor vendrá después.

Así es como el orden democrático constitucional puede desmoronarse de la noche a la mañana. La valentía de Angela Merkel denunciando un «error imperdonable» de su propio partido, contrasta con la forma de hacer política del PSOE. Obama despierta de su retiro y dice: «Nuestra democracia está en peligro si la damos por sentada», es decir, con tanto apaño secreto con sus socios preferentes, olvidando la defensa de la igualdad de derechos y obligaciones para todos los españoles y aceptando poner sobre la mesa la innegociable integridad de España, es una estafa descomunal que hay que denunciar y parar.

Las cosas urgentes que hay que resolver se guardan en el cajón. No les importa mejorar las expectativas de todos los españoles, su único objetivo es secreto. Sólo se predica la vaciedad y la incongruencia, con un batallón de ministros y ministras que no tienen idea de lo que hablan y lo más positivo que podemos esperar es que algunos aprendan a expresarse con propiedad. La foto campamental en la lujosa finca de Quintos de Mora lo explica todo. En esa foto no están los mejores como Morán, Borrell, Castiella, Fraga, Guerra, Abril Martorell, González o Suárez. Ahí, salvo excepciones, solo hay amiguetes.

Ahora, cuando las nuevas tecnologías están mandando al paro a una multitud de españoles, expulsados de fábricas y servicios, y sin que haya voluntad de activar una nueva Ley Electoral que corrija este caos, la enorme burbuja política sigue creciendo, hasta que estalle. Mientras tanto crece el Estado del malestar.

29 de febrero de 2020

En la España de hoy los propios españoles nos hemos convertido en los potenciales enemigos de España. El problema español más grave, causante de los otros males que padecemos, es el de la desunión, la pasividad y la falta de un ideal común. Hoy, el objetivo de esta España dispersa e insolidaria es la desunión. España se dirige por ese camino hacia la nada. Cuando los españoles estuvimos unidos, siempre se resolvieron los problemas. Lo hemos visto con claridad en tres situaciones límite. Cuando Franco murió y todos unidos culminamos la Transición a la democracia; otra, cuando después del golpe militar de Tejero, el pueblo entero salió a la calle el 27F; y la tercera cuando los españoles tomamos otra vez las calles, después de que ETA asesinara a Miguel Ángel Blanco disparándole dos tiros en la nuca, arrodillado y maniatado. Ese fue el final de la banda.

¿Qué es lo que tiene que pasar hoy en España, para que todos los españoles juntos volvamos a tomar las calles poniéndole freno a toda la cadena de provocaciones diarias del independentismo catalán? ¿Cuándo se pondrá fin a esa falacia del derecho a decidir que se han inventado? ¿Dónde están los responsables que debieran organizar esa imprescindible movilización urgente del pueblo español, antes o después de la próxima Diada de septiembre, haciéndoles saber multitudinariamente en las calles que están pisoteando los derechos, la Constitución y el futuro de los catalanes y el resto de españoles? Deberían ser los partidos políticos, digo yo. Pero estos partidos políticos ¿sirven para eso? ¿Qué podemos esperar de ellos, si no la división y pelea entre ambos?

En este momento de cierre de filas en torno al constitucionalismo no vale otro objetivo que una política de unidad sin fisuras entre PP, PSOE y Ciudadanos. El consenso de este trío de mayoría constitucionalista absoluta alcanzando pactos, acuerdos conjuntos y firmeza, visualizados nítidamente por la ciudadanía, es un objetivo absolutamente básico para vencer al reto secesionista catalán. Una vez restablecido el orden constitucional, vendrían las otras acciones políticas de iniciativas partidistas individualizadas, como la exigencia de responsabilidades al PP por haber dejado crecer el monstruo independentista sin iniciativas políticas. Ahora no. Al día de hoy sólo es posible una política de unidad, sin fisuras.

¿Y qué dice el artículo 155 de la Constitución? Sólo esto: que si una Comunidad autónoma no cumpliera con las obligaciones que la Constitución y otras leyes señalan, atentando gravemente al interés general de España, el Gobierno, previa aprobación parlamentaria con mayoría absoluta, podrá adoptar las medidas necesarias para su obligado cumplimiento. ¿No les parece a ustedes sensato este artículo 155? Si no es así ¿qué deberemos hacer entonces, para parar esta locura? ¿Si los partidos políticos sólo sirven para imponer sus intereses y no el bien común, para que los queremos?

Lo que si tienen claro todos los expertos constitucionalistas que he consultado, es que de persistir el desafío secesionista en los términos actuales, la aplicación del artículo 155 debería producirse antes de que se llevara a cabo la consulta ilegal. Después, proclamada la hipotética independencia, ya sí que sería grave la situación, porque se habría culminado el golpe de Estado y entonces ya no sería de utilidad el 155. Habría que recurrir a la aplicación del 116, y eso si que son palabras mayores al haberse culminado la sedición y rebelión que requieren medidas penales, después de proclamada la independencia. La frontera infranqueable de activación del 155 por el Gobierno, llegará cuando el Tribunal Constitucional suspenda la ley catalana del referéndum y la Ley de Transitoriedad Jurídica, llamada ley de ruptura, aún no aprobadas por el Parlament.

De persistir la insurrección independentista, y culminados determinados actos asumidos por el Govern y el Parlament catalán, siempre sería mejor, antes de llegar a otras situaciones extremas, la aplicación del 155 en pasos progresivos parciales, pero muy eficaces, como que el Gobierno español, transitoriamente, suspendiera y asumiera determinadas transferencias.

Lo más pacífico y eficaz a mi juicio, sería la política de unidad del PP, PSOE y Ciudadanos que estoy sugiriendo. Igualmente, lo más sencillo sería activar a todo el pueblo español: habría nacido el espíritu constitucionalista. Sería la cuarta vez. Primero fue el espíritu de la Transición, segundo el espíritu del 23F, tercero el espíritu de Ermua, y cuarto el espíritu constitucionalista, que no es otra cosa que el pueblo español todo, hable otra vez. Pero para eso haría falta que PP, PSOE y Ciudadanos entendieran lo que estoy diciendo.

22 de julio de 2017

LA VOZ DEL REY

Señor, perdóneme la licencia personal de dirigirle esta carta pública con ocasión de su intervención en la sesión solemne del 40º aniversario de las primeras elecciones democráticas pronunciado hace unos días en el Congreso ante las Cortes Generales.

Ese acto ha sido de gran trascendencia política, no sólo por la exaltación y justicia de cuanto se logró entonces y aún disfrutamos hoy en España, —la etapa más larga de prosperidad, libertad y tolerancia de nuestra historia—, sino también, porque la esencia de lo que se exaltaba, está contenida en ese período de la Transición, donde sólo imperaba la voluntad política de la reconciliación y el consenso. Justo lo que no tenemos ahora, Majestad. Por eso me sonó tan bien su voz, oportuna, valiente y convincente, acorde con cuanto estoy diciendo.

Su voz, Señor, es precisamente lo que más molesta a los populistas dinamiteros del orden constitucional, y a los independentistas que odian todo lo español. Su voz, Majestad, ha resonado con firmeza y claridad dentro del más estricto mandato constitucional, donde el artículo 56.1 le fija la más alta representación del Estado como «árbitro y moderador del funcionamiento regular de las instituciones». No es frecuente que la Corona visualice esa prerrogativa que es un principio característico de la monarquía británica, basado en las síntesis de la potestad del Rey de escuchar y ser escuchado.

¿A quién puede molestar escuchar su voz, Señor, salvo a Podemos y compañía, de los que ya conocemos sin tapujos su afán de destruir la monarquía parlamentaria, para implantar su orden nuevo revolucionario? ¿Cómo no va a molestar su voz igualmente a los infatigables independentistas, dilapidadores del dinero público en su festín separatista, aupados por los radicales más salvajes, en su propósito implacable de destruir el orden constitucional español?

Sólo esos son los que quieren silenciar su voz. Y el acto del Congreso los puso en evidencia. Son escandalosos, hacen mucho ruido, pero a la hora de la verdad, sólo se escucharon los aplausos atronadores de la inmensa mayoría de los representantes de todo el pueblo español frente a esa otra alternativa de crispación, destrucción y secesión, incapaces de aportar una sola idea constructiva, positiva y de consenso.

Este tercer discurso suyo ante las Cortes Generales, Majestad, me parece el más importante, porque ante la grave situación política española de hoy, ha sabido canalizar ideas atinadas con argumentos clarificadores, sobre todo en lo referido al quebrantamiento de la legalidad. «El respeto a las normas, la democracia, no es una amenaza o una advertencia para los ciudadanos, sino una defensa de sus derechos». O eso otro de «fuera de la ley sólo hay arbitrariedad, imposición e inseguridad». ¿No es esto lo que la Constitución pide que diga el Rey, como árbitro y moderador?

También considero destacable de su alocución, Señor, la invocación a la convivencia y al espíritu de la Transición, desbordante de voluntad de reconciliación y consenso, de diálogo y comprensión. Ahora impera lo contrario y se cultivan otros antivalores basados en el odio, el resentimiento y la deslegitimación de esa etapa tan fructífera y constructiva.

Explicando esa época de la Transición, nadie la ha definido mejor que José Antonio Torreblanca al señalar que para construir la democracia española se pactó todo, incluso con renuncias increíbles, de unos y otros: el Rey traicionó a Franco, Suárez al Movimiento, las Cortes franquistas se hicieron el haraquiri, el PCE aceptó la monarquía y la bandera, y los militares aceptaron al PCE. Todo eso pasó para que hubiera paz y democracia. Para los políticos fuleros de hoy que sólo tienen el pico y la pala y están removiendo sucesos de hace casi un siglo, esas gestas no tienen importancia.

Señor, en esas fechas que conmemoramos ahora, usted tenía nueve años y yo cuarenta y dos, y como estuve activísimo, conozco muy bien la Transición. Su padre, el Rey Juan Carlos I, se lo habrá explicado ampliamente y en él encontrará siempre el mejor testimonio de cuánto pasó, porque él fue la personalidad más decisiva en el proceso de renovación de las libertades.

Señor, las palabras de gratitud que dedicó a su padre el Rey Juan Carlos, de «homenaje, gratitud y admiración», junto a «aquella generación que abrió el camino», fueron sentidas. Sin embargo, la ausencia del Rey Juan Carlos en acontecimiento tan solemne es un hecho injusto y de una ingratitud que sonroja. Sólo su actuación durante las horas más peligrosas vividas por el pueblo español y su incipiente democracia, justificarían su presencia en ese acto, porque en la tarde noche del lunes 23 de febrero de 1981 prestó el más grande servicio al pueblo español, tranquilizando con su mensaje a todos los ciudadanos, y yo gritaba desde los micrófonos de mi emisora «Viva la Constitución, viva el Rey». El grave error de eliminar la presencia de quien dirigió todo el proceso democrático y nos situó en el lugar privilegiado que ocupamos en el mundo, exige una reparación y también la clarificación de responsabilidades, porque al escenificar esa ausencia, parece que la han diseñado los mismos que quieren borrar el recuerdo de la Transición.

Su voz, Señor, advirtiendo los peligros de todo lo que está pasando en esta decadencia social y política que vivimos hoy, es la mejor medicina que podíamos tomar. En estos tiempos tenemos pocas voces con autoridad y prestigio que clamen contra tantas miserias españolas, bien sean sociales, políticas, ideológicas o contra la corrupción. Voces que en vez de propagar enfrentamientos, descalificaciones y desunión, sean portadoras de palabras e ideas con grandeza política capaces de construir una realidad española distinta a la de hoy.

Esa es la voz suya que yo he escuchado, Majestad.

28 de julio de 2017

BELENES, CAGANER Y CAGARRUTEROS

Estaba a la espera de los resultados electorales del 21-D catalán, cuando constaté que era misión imposible. Es el vértigo del periodismo y la noticia, tan contradictorios con el sosiego que exige la reflexión reposada propia del artículo de análisis o el ensayo periodístico. En este interregno me formulé esta pregunta: ¿otra vez ha ganado el siniestro independentismo catalán o la opción constitucionalista, única capaz de devolvernos la Cataluña eterna y española que propugnaba Tarradellas? Han ganado los dos. Hemos perdido todos.

Consummatum est. Ha ocurrido exactamente lo que preconicé en mi artículo anterior. Si ganaban los de Puigdemont todo iría a peor. Hoy estamos al borde del abismo. Puigdemont vuelve bombardeando: «La República Catalana ha derrotado a la Monarquía del 155». Lo que se avecina es diabólico. Todo se manipula. Los no independentistas han sacado cien mil votos más, pero los independentistas se llevan los escaños con menos votos. Es un fraude democrático inmenso.

Esta es la clave de todo. Antes de reformar la Constitución hay que reformar la Ley Electoral. Es lo primordial. Listas únicas, sin circunscripciones, tanto para el Congreso como Autonomías. La Región de Murcia ha sido pionera. Acabó con el engaño de las circunscripciones. Nadie, que yo sepa, ve esta urgencia.

El laberinto catalán del 21D y la Nochebuena, están separados por el breve espacio que marcan las agujas del reloj. Todo muy rápido, como el paso del tiempo o la cantinela de la letanía de números, premios y pedreas, en salmodias entonadas por los niños de San Ildefonso cantando el Gordo de Navidad. ¡Menudo gordo nos ha caído con Puigdemont! Los sediciosos irredentos Junqueras y Puigdemont siguen ahí inamovibles en su contumaz rebelión, hoy legitimada con votos por el mismo orden constitucional que ellos conculcan y sin que esa propia ley, los declare fuera de la ley, a ellos y a sus siglas políticas.

Hablemos de Puigdemont. Conforme se acercaban las elecciones ha sufrido una profunda metamorfosis en su autoexilio entre flamencos y valones. Ya no solo destila odio por todo lo español y diseña persecuciones contra la otra mitad de catalanes que no piensan como él. Ahora, además, se ha convertido en un tipo navideño pintoresco, merecedor de un retrato satírico.

A Puigdemont, arropado por los flamencos ultraderechistas y su cultura reformista luterana, le acompañan también sus propios fantasmas y es así como se ha convertido en Scrooge, el malvado personaje del «Cuento de Navidad» de Charles Dickens. Como pretendo hacer su descripción alegórica, debo acercarme a nuestro excelso poeta Sánchez Bautista, autor de «Pajarodia», el libro satírico y poético más trascendente de nuestra cultura murciana, donde seguramente hablará del pájaro lavandera, hoy desaparecido de mi geografía sentimental. Este pájaro con plumaje amarillo cubriéndole toda la pechuga, picoteaba los residuos albergados en las «bardomeras» que se formaban en los remansos del río. Eso parece Puigdemont con esa gran bufanda amarilla cubriéndole su pechuga como si fuera el babero del «hereu burgés de l'Empordá», disfrazado de pájaro lavandera.

Sin embargo, Carles Puigdemont es la figura estrella de estas navidades, no por las elecciones catalanas, sino por ser el «caganer» más vendido, seguido por el «mosso» Trapero y el diputado Rufián. ¡Vaya trío de «caganer»! A mí, esto de colocar como figuras del nacimiento en los belenes catalanes a los «caganer», me parece una mayúscula ordinariez. Aunque los coloquen escondidos en un rincón detrás de un arbusto en plena defecación, porque la ironía del destino mostrará mediante esta tradición catalana a un Puigdemont huido en posición tan poco épica.

Los asuntos escatológicos sirven poco para la mitificación de Puigdemont, con barretina o sin ella. El «caganer» es una figura que se legitima con orígenes seculares arraigados en la cultura y tradición catalana como el gran benefactor que «devuelve a la tierra lo que de ella procede, abonando la del pesebre y haciéndola fecunda para el año siguiente, siendo además símbolo de salud, prosperidad y felicidad para la Navidad». Así lo definen. Guárdame la cría.

Desde muy niño, mis raíces, sentimientos y cultura, arraigaron en las cercanías del museo Salzillo. Dentro está su Belén. El Belén de Salzillo no solo es una de las joyas más preciadas del barroco universal, sino que también es una de las obras más destacadas de la historia de la escultura europea en su modalidad artística. Imagínense si algún temerario quisiera añadirle un «caganer».

Galiana y yo, en nuestra «Guía Secreta de Murcia» de la que se vendieron varias ediciones y miles de ejemplares en toda España, clasificábamos a los tipos murcianos más representativos de esta tierra, descritos antes por diversos autores, y sobre todo por mi maestro Juan García Abellán. Añadimos otros, fruto de nuestras investigaciones. Después escribí un ensayo titulado «Sobre mindangos, cagarruteros, zorritontos y otras especies autóctonas» (La Verdad 17-8-2009), reseñando nuevos tipos murcianos. Hoy, doy vida a tipos resucitados solo para este periódico y no para utilizarlos en un Belén exhibicionista, como los «caganer», tan aparatosos como Puigdemont.

Son estos: El «Cagaleras» era víctima de sus múltiples deposiciones que sufría inesperada y súbitamente; si esas cagaleras se consolidaban en crónicas, entonces pasaba a llamarse el «Correncias», automedicándose con abundante zumo de limón. El «Cagarruta», probablemente estreñido, hacía de vientre arrojando abundantes cagarrutas, como las de los conejos. El «Caguetas» era miedoso y cobarde. El «Cagarrutero» era un tipo ruin y despreciable, incluso matón y pendenciero, muy abundante en la política de hoy. El «Cagón», de deposiciones muy aparatosas, llamadas «plastas». A ninguno de ellos se nos ha ocurrido en esta tierra convertirlo en figura de Belén. Será porque no somos una nación.

23 de diciembre de 2017

BURBUJAS DE «BREXITRUMP»

Coca-Cola ha sido noticia internacional porque había dejado de ser la chispa de la vida, para convertirse en la chispa independentista de la bomba catalana. El tema es tan icónico que obligatoriamente debía analizarlo para ustedes. Sol Daurella, Presidenta y copropietaria de la embotelladora y rica en abundancia, se ha incorporado como vicepresidenta del Diplocat, máximo órgano de la política exterior catalana a favor del independentismo, «para ayudar a proyectar a Cataluña en el mundo».

¿Ese compromiso independentista, ahora abortado, de orientación y asesoramiento de las actuaciones internacionales separatistas implicaba también, directa o indirectamente, a Coca-Cola? ¿Se iba a servir de la estructura y medios de Coca-Cola para esos fines? Indudablemente, Sol Daurella había optado equivocadamente por ser la chispa de la vida del independentismo catalán, pero la abrumadora indignación popular, y alguien más, la ha puesto firme. Estaba poniendo en peligro a esa bebida, que dejaba de ser la chispa de la vida, solidaridad, positivismo y alegría, girando hacia la política más fea coprotagonizándola con el independentismo catalán.

La democracia que disfrutamos hoy en España es consecuencia del proyecto colectivo que se culminó con la Constitución del 1978 que es sin lugar a dudas el mejor sistema de toda nuestra historia. Gracias a esa Constitución que desprecian los nacionalistas independentistas y confesos, tenemos una democracia representativa dotada de un Estado social y de derecho y de un marco de derechos y libertades amplio y homologado con los más avanzados países del mundo. Una democracia desgraciadamente imperfecta, sí, pero corregible.

Esto está ocurriendo cuando el Trump más irascible, intimidatorio y populista, el que grita «América primero», levanta muros kilométricos de aislamiento y tensa el arco cada día más, sobresaltándonos y rompiendo principios históricos americanos que antes eran inamovibles. Los nacionalistas británicos consiguieron ganar el referéndum del Brexit y hoy día quieren un Brexit más duro aún.

Ambos, Trump y Brexit, han patentado una nueva era que yo denominaría como la del Brexitrump, que viene acompañada de grandes peligros y turbulencias. Trump y Brexit son burbujas complementarias.

Mientras tanto, Europa sigue desangrándose. El Frente Nacional francés proclama que «pronto llegará la independencia de Francia». Erdogan en Turquía sigue el mismo camino, a su aire. Y en ese contexto, la imagen de la Coca-Cola con su presidenta española a la cabeza se ha hecho independentista catalana.

Todo este movimiento telúrico nacionalista en el mundo, está evocando una idea periclitada desde el nacimiento de la nueva Europa en la década del cincuenta de la mano de Robert Schuman y ahora están renaciendo con brío, con el aliento entre otros de la Coca-Cola de Daurella que quería acelerarlo a grandes sorbos burbujeantes, hoy afortunadamente abortados.

No lo olvidemos nunca. Después del origen de los nacionalismos del siglo XIX, llegó el XX con Hitler y las terribles guerras mundiales sin parangón en la Historia de la Humanidad. Los populismos y nacionalismos siempre empiezan con sueños y promesas y terminan con muertos y lágrimas. Hace poco ocurrió en Yugoslavia y terminó en tragedia y autodestrucción.

Estos tiempos de tensión que vivimos hoy a escala global, están desdibujando el patrón de identidad con que funcionaban las sociedades europeas y americanas, porque ambas conviven con los mismos fantasmas: una frustración generalizada de la clase trabajadora, los miedos a la inmigración, las desigualdades crecientes, la desestructuración familiar, el descenso de la religiosidad y el desbocamiento del populismo como respuesta. El pesimismo reinante encuentra su mejor exponente en el nacionalismo, que se erige en representante de todo el pueblo capitalizando la frustración, irritación y resentimiento.

La Coca-Cola representada por su presidenta Sol Daurella tirándose sin paracaídas, corrió a auxiliar a los independentistas catalanes que quieren demoler el orden constitucional español. Cataluña siempre ha sido España y nunca en la historia ha tenido un autogobierno tan grande como el de ahora que le debe precisamente a las leyes y a la democracia que lo hicieron posible y ellos vulneran reiteradamente con deslealtad. Los independentistas catalanes quieren arrogarse una soberanía irreal que se han inventado como una posverdad, tan de moda hoy día. Los independentistas con los que se siente identificada la hasta ahora presidenta española

211

de la Coca-Cola, sólo defienden intereses sectarios distintos a los de los catalanes a los que quieren levantarle fronteras aislándolos de Europa. Todos los que quieren destruir España también quieren destruir Europa.

Dos meses después, desde que el 25 de noviembre decidiera incorporarse a Diplocat, el organismo que promueve la imagen de la Cataluña soberanista, Sol Daurella, acaba de dimitir. A la que es al mismo tiempo Presidenta de la mayor embotelladora del continente europeo le sobraba tiempo para asumir esos menesteres independentistas. Aparte de presidir Cobega y ser consejera del Banco de Santander y copresidenta de Cacaolat. La afición tira mucho.

Pues miren lo que les digo. ¡Ojalá Conrado Abellán siguiera fabricando su Orange Crush, porque hoy mismo estaría tomándolo yo! Pero como ya está jubilado, haré lo mismo que hizo Billy Wilder en el gag final de su mágica película «Un, dos, tres». Cuando Sol Daurella tenga otra vez tentaciones independentistas, yo tomaré en mis manos una botella de Pepsi, la «deliciosa y saludable». No le pido nada más a un refresco.

4 de febrero de 2017

MUNDO DE LOCOS

Maquiavelo, que fue el mayor clásico de la astucia política, en sus «Discursos de la primera década de Tito Livio», dice literalmente que «es muy sabio simular por algún tiempo la locura». Abro el abanico de la historia y muchos siglos después, llega Richard Nixon. Nixon, el Presidente del Watergate americano, aplicó esa maquiavélica receta de la locura contra los feroces norvietnamitas, haciéndole llegar a Ho Chi Minh urgentes y terroríficos mensajes en los que se aseguraba que había enloquecido y estaba permanentemente con el botón nuclear en la mano, allá donde fuera. Llegó la paz con toda rapidez. Dicen que ahí se acabó la guerra de Vietnam.

Así que no crean que sólo han existido en la historia de la humanidad Trump y Puigdemont, los dos locos contemporáneos de ahora mismo. Uno, loco universal, y el otro, loco de andar por casa. A Puigdemont lo dejo para después.

A Trump debemos emparejarlo con otro loco global. Ambos son los locos siameses de solemnidad que tienen en sus manos el botón nuclear, dispuestos para accionarlo en cualquier momento. Ese otro loco atómico es un muchacho gordinflón y mefistofélico llamado Kim Jong-un. Al día de hoy sólo tiene 34 años de edad y es Presidente de la belicista Corea del Norte. Está ahí desde que tenía 28 años, al morir su padre y predecesor.

Cuando leo en la prensa y veo en la televisión los rifirrafes diarios entre Trump y el coreano insultándose en Twitter como dos colegiales revoltosos, recuerdo en contraposición nombres de Presidentes de los EEUU con rasgos personales y carismáticos como Kennedy y Obama. Me dan escalofríos cuando veo al mayor impostor y antagonista que jamás hubiéramos imaginado, ocupando la Casa Blanca.

Hace muy poco tiempo, con Obama en la Presidencia, todo lo que ocurría era para bien. Allí estaba un hombre de color con sentido común y era generalmente querido por blancos y negros porque irradiaba una imagen democrática convincente. Trump, su sucesor, ha hecho saltar todo por los aires.

¡Adiós a los EEUU garantes de la estabilidad global, y adiós también al aliado fiable e indispensable! En 1947, hace ya 70 años, George Marshall lanzó el plan que lleva su nombre para reconstruir la Europa devastada por el nazismo. Hoy, un payaso con aspecto y cosas de loco, aupado a la Presidencia de los EEUU, abandona también el Pacto Climático de París en el momento más crítico, arrastrando al mundo hacia su segura autodestrucción, siempre que no se le ocurra antes pulsar el botón de su juguete favorito.

Algo muy grave está pasándole a la democracia, a EEUU y a este mundo de locos, en esta etapa histórica que vivimos, donde es evidente que algo está concluyendo y otra cosa está emergiendo, sin que sepamos lo que es y a donde nos lleva.

También nosotros los españoles tenemos nuestro propio loco de andar por casa. Ese es Puigdemont. Un loco político peligroso que anda suelto todavía. Sufre un trastorno político bipolar de extrema gravedad. Lo digo con la rotundidad de la prueba fehaciente observada en sus actuaciones públicas, y dejo a la presunción de la duda sus circunstancias personales, en las que no entro.

Puigdemont es un loco de atar, víctima de sus distorsionadas visiones. Siendo un huido de la justicia, se cree un perseguido. Siendo un prófugo cobarde, se siente President en el exilio. A Europa le llama corrupta y a España represora. Todo esto lo dice él, siendo un delincuente múltiple procesado por graves delitos, y no es ni preso político, ni de conciencia siquiera, como recuerda firmemente Amnistía Internacional. El problema español no es de presos políticos, sino de falta de manicomios.

Más pruebas de su locura política. Él, que incumple las leyes, se autodenomina demócrata, y a los que las hacen cumplir les llama represores. Él, que desobedece a los jueces y Tribunales, se llama así mismo pacifista, y a los que obedecen califica como antidemócratas. Que ese bufón payés llamado Puigdemont hable hoy de presos políticos catalanes, no sólo es una mentira; es además un escarnio para todos los presos políticos españoles que lo fueron en épocas pasadas. Que lo diga él, un huido de la justicia, hace hervir la sangre.

Sus decisiones caóticas e imprevisibles, virando rápidamente de uno a otro lado, expulsando a España de Cataluña e insultando a Europa porque no le apoya en su proyecto de castillo de naipes, y ahora admitiendo que se ha equivocado y hay otras vías distintas al separatismo que él y Junqueras tramaron, confirman el diagnóstico de su locura política.

¿De dónde sale todo el dinero que está gastando en Bruselas y la estructura que ha montado? ¿Del sueldo de expresident que ya cobrará toda su vida? ¿Quién paga los gabinetes de prensa internacionales, los aviones fletados, los billetes y hoteles de los que van a verlo a Bruselas en jubileo o huyeron con él? ¿Quién paga las campañas de difamación y mentiras contra España en internet? ¿Y los dos referéndum catalanes ilegales? ¿Y las grandes movilizaciones, los agitadores profesionales que cortan vías de tren y autopistas, quién los paga? ¿De dónde sale todo el dinero de la Asamblea Nacional Catalana para pagar los avales y multas judiciales millonarias? ¿Y los cuantiosos gastos de Omnium Cultural o los del regimiento del tío de la vara?

Toda esa trama de locura liderada por Puigdemont y Junqueras, urdió esa gigantesca operación de odio y sedición. Es terrorífico pensar que los catalanes y resto de españoles puedan vivir otros cuatro años más de violencia separatista. Repetir otra vez ese escenario, o peor, el 21-D, sería cosa de locos.

Por eso termino con estas palabras de Erasmo extraídas del capítulo XXX de su «Elogio de la locura»: «Decidme: Si la cuestión se resolviese por sufragio ¿qué república querría a un magistrado de este género, o qué ejercito desearía semejante general?»

25 de noviembre de 2017

VUELVE TARRADELLAS

En el Palau de la Generalitat de Cataluña se va a celebrar el acto inaugural del programa conmemorativo del 40 Aniversario del regreso a España, desde el exilio, de Josep Tarradellas. El restablecimiento de la Generalitat fue precisamente uno de los episodios más relevantes de la Transición y debemos atribuirlo explícitamente al esfuerzo conjunto del tándem Suárez-Tarradellas que lo hicieron posible. Se celebrarán otros actos conmemorativos en Madrid, Monasterio de Poblet y Cervelló. Todos, organizados por el actual Govern catalán. No sé si también se sumarán los grupos parlamentarios del Parlament organizando una sesión parlamentaria allí, para resaltar el significado político e institucional de tan trascendente hecho, como fue el restablecimiento de la Generalitat. Parece obligatorio ese acto de verdad y justicia y que todas las fuerzas políticas catalanas se posicionen y valoren la aportación de Tarradellas en ese periodo histórico. En manos del Parlament dejo la propuesta.

Es un dato poco valorado y hasta quiere borrarlo de la memoria histórica el independentismo catalán, silenciando que la Generalitat de Cataluña se restableció de acuerdo con el Decreto – Ley de 27 de septiembre de 1977, es decir, antes de la promulgación de la Constitución española, quedando así claro que fue la democracia naciente la que hizo posible ese restablecimiento en la figura del Presidente Tarradellas, con el impulso del gobierno español presidido por Suárez. Este dato preconstitucional es de excepcional importancia y muestra la inequívoca voluntad política fraguada en la Transición a la que toda la izquierda se empeña en infravalorar hoy.

Ahora que los atizadores del fuego están llegando al paroxismo, sorprende que después de postergar durante los últimos treinta años el pensamiento, la obra y el espíritu integrador de Tarradellas, al que han venido calificando como traidor de Cataluña vendido a España, den albergue a esta máxima exaltación de Tarradellas desde el actual Govern, tan dependiente de las CUP. Algo esperanzador está pasando o quizás sea porque han llegado a la máxima incoherencia. Deseo de todo corazón lo primero. Lo que no espero es un acto de apostasía de sus obstinados planes separatistas, como tampoco creo que dichos actos conmemorativos los instrumentalicen hipócritamente utilizando el nombre de Tarradellas, quien reprendería cuanto está pasando ahora.

Tarradellas siempre defendió el principio de conciliación y concordia entre Cataluña y España, lejos de los victimismos y prejuicios nacionalistas hacia el Estado español, buscando permanentemente el diálogo positivo y constructivo entre ambos, y muchas de sus palabras y planteamientos han adquirido en estos tiempos un valor profético.

Siempre tuvo una actitud contraria a las aspiraciones de independencia auspiciadas por los sectores nacionalistas que lo tacharon de traidor, y más tarde, el pujolismo le infirió un castigo aún mayor intentando borrarlo de la memoria catalana con su condena del olvido, porque tanto su testimonio político, como su ideario y sus reiteradas llamadas basadas en una política de unidad, perturbaban los métodos de división y falseamiento que nos han llevado a la situación límite actual. Se vaciaba así todo el legado y espíritu de Tarradellas para implantar el caos actual.

Tarradellas fue un baluarte, un político muy sólido y avanzado a su tiempo, y el tándem Suárez-Tarradellas se convirtió en el pilar más fuerte de la construcción de la democracia. En esta conmemoración deberíamos releer cuanto dijo y defendió durante su mandato. Deberíamos preguntarnos también qué diría mañana a los feroces independentistas y a la Cataluña real.

Ahora que ha surgido una chispa de esperanza en el conflicto catalán con la idea de una tercera vía y existe una mejor voluntad dialogadora del Gobierno con un planteamiento bastante diferenciado al referéndum ilegal y el inmovilismo de antes, la resurrección de Tarradellas, más que un acontecimiento sería un milagro político y estaríamos asistiendo al nacimiento de un estilo nuevo de convivencia que dibuja exactamente el espíritu de Tarradellas. Es difícil predecir si estos novísimos intentos de reconducción de la crisis podrían culminarse.

En el pensamiento político y testimonial de Tarradellas encontraremos la solución para salir de este callejón sin salida. ¿Qué principios superiores aportan los independentistas, aparte de sus deseos de ruptura, tan distintos a los de Tarradellas, que son los basados en la idea de unidad, garantía de progreso, respeto a la legalidad y protección de los derechos de todos los ciudadanos por igual? ¿Son tan difíciles de asumir las convicciones de

Tarradellas de que son compatibles los principios constitucionales de soberanía y autonomía entre España y Cataluña?

En mis frecuentes encuentros privados con Tarradellas siempre aprecié su clarividencia política, racionalidad, sentido común y su firmeza como hombre de Estado. Lo conozco de primera mano. Como su respeto máximo al interlocutor, su búsqueda de soluciones positivas para evitar enfrentamientos entre los mismos ciudadanos de Cataluña. La política española necesita líderes fuertes como Tarradellas, capaces de unir, iluminar y pacificar. España está pidiendo a gritos un pacto de Estado que elimine la ruptura constitucional con lealtad y voluntad democrática. En Tarradellas está la respuesta. Tarradellas fue todo eso.

18 de marzo de 2017

NOSOTROS, EL PUEBLO

Lo peor que puede ocurrirle a la democracia es lo que precisamente está pasándole a España. Todo empezó con un desánimo popular generalizado que siguió creciendo hasta consolidarse como una autentica desafección política, de tal manera, que lo que impera hoy es la ruptura del vínculo de confianza entre los que gobiernan o aspiran a ello, y el pueblo llano. Ante esa perspectiva tan hostil, «nosotros, el pueblo», hemos sido llamados a las urnas para elegir con plena libertad, si no lo mejor, lo menos malo para España. Con esta convocatoria se define la mayor grandeza de la democracia. El ciudadano es el único que puede corregir con su voto los desafueros de los partidos políticos regidos a veces por indocumentados y ególatras que asaltan el poder para perpetuarse en el mismo, sabiendo a ciencia cierta que volverán a ser votados porque los electores están acostumbrados a mirar hacia otro lado.

Ese tipo de ciudadano que se abstiene en unas Elecciones Generales y no va a votar; ni se informa debidamente antes de hacerlo, y ni siquiera es capaz de dedicarle a España media hora escasa cada cuatro años yendo a votar, ese es el culpable de cuanto está pasando. Al ignorar el valor que tiene su voto, voluntariamente o no, está apoyando a líderes y agrupaciones sectarias de un signo u otro con idearios populistas extremos, y de ese modo suelen optar al poder.

Cuando vaya a votar lo haré con sentido patriótico, y por tanto votaré a aquella lista que, con más firmeza y seguridad, según mi criterio, apoye los principios constitucionales con todas sus consecuencias. El patriotismo del que hablo forma parte del sentimiento democrático y supone una actitud solidaria con el resto de los ciudadanos en defensa de la igualdad, la libertad y la solidaridad. Nunca votaré a un partido nacionalista, ni a cualquier otro partido que esté minando las instituciones y la Constitución, erosionándola y dividiéndonos, o esté en connivencia con los independentistas.

El nacionalismo secesionista se basa en la exclusión del otro. El patriotismo en el que creo es el que se identifica con los valores republicanos recogidos en nuestra Constitución, defensores de la libertad e igualdad de todos los españoles. Mientras que el independentismo construye sus objetivos sobre las ideas de la pureza lingüística, la homogeneidad cultural, la identidad étnica y la exclusión del otro, el patriotismo defiende la solidaridad. El independentismo sólo está basado en el egoísmo.

Cuando recuerdo que desde el Gobierno español se ha cortejado meses atrás al independentismo catalán, y no se defendían con firmeza y abiertamente los principios en que se fundamenta la Constitución, me sublevo. Las veces que por ambiciones personales se ha mirado hacia otro lado, o minimizando y disculpando la erosión sistemática, protagonizada a sus anchas por los separatistas, esa vacilación institucional me espolea aún más en mi sueño de una España multicultural, diversa y unida. Diversa, pero no dispersa.

La Constitución española debe ser más fuerte de lo que imaginábamos porque aguanta y resiste todos los ataques a los que se ve sometida. ¿Cuándo se dará cuenta Pedro Sánchez de que hay que poner coto ya a todos los desmanes independentistas, y que no existe otra vía que la unión de todos los constitucionalistas? La alergia de Pedro Sánchez a ese proyecto es insuperable hoy, porque prefiere otros apoyos populistas y radicales, distintos a Ciudadanos y populares. Esa obcecación personal suya, se enfrenta al otro sentimiento socialista generalizado en toda España, similar al que estoy alabando.

La confección de las listas electorales ha provocado grandes tensiones convulsionando a los partidos políticos. Sobre todo, el maremoto del PSOE con las purgas de Ferráz donde han saltado por los aires las primarias. Dice Susana Díaz en Andalucía: «Tomo nota». Y Lambán en Aragón dice que no respetar el voto de los afiliados «no es ni socialista, ni democrático».

El intelectual alemán Robert Michels explicó muy bien lo que es la ley de hierro de la oligarquía que se ha adueñado de los partidos que es la causa de su decadencia. Esa oligarquía la forman unos cuantos militantes, (los aparatschiks), que son los encargados de controlar la selección de candidatos, las primarias, la elección de líderes. Nada tiene que ver ese procedimiento con la democracia, ni con el bien común, ni con el principio de mérito y capacidad, pero sí con el populismo y el dominio de una pequeña cocinilla donde se guisa todo y nunca ganan los mejores.

Bueno, pues a pesar de esas contrariedades, «nosotros, el pueblo», tenemos la obligación ineludible de ir a votar para legitimar la voluntad popular, y al elegir la papeleta más acorde con los principios que a nuestro juicio deberá ejercer el próximo Gobierno, le otorgaremos ese poder para que actúe como garante del cumplimiento de los derechos fundamentales establecidos en la Constitución. Debemos decidir personalmente si votamos con la razón, el sentimiento o el posibilismo. Ese es el dilema. Es cuando descubriremos la utilidad o inutilidad de nuestro voto, y sirva o no para formar un gobierno constitucionalista fuerte para España. Ha llegado la hora de acertar en la elección de los gestores más fiables del orden constitucional. «Nosotros, el pueblo», tenemos la palabra.

30 de marzo de 2019

TRAPICHEO POLÍTICO

Dijo Don Quijote a Sancho: «Si es que te parece bien, querría, ¡oh Sancho!, que nos convirtiéramos en pastores, siquiera el tiempo que tengo de estar recogido». Tan fiel le soy yo a Don Quijote, que durante unos meses he estado a punto de convertirme en pastor voluntariamente, como hizo él. Escribir sobre política en estos tiempos es un ejercicio tan insufrible como andar por un lodazal. Por esa causa he estado ausente de esta importante tribuna. Le estaba tomando el gusto al pastoreo, ese oficio tan noble, que hasta el Dios todopoderoso es considerado el Pastor de su pueblo, según David en sus hermosos Salmos, y el mismo Jesucristo se autoproclamó el Buen Pastor, según el Evangelio de San Juan. Pero un servidor, con lo que está cayendo, abandona la zamarra, el aprisco, y sobre todo el tapabocas, y vuelve a tirarse al monte en que se ha convertido este campo de batalla que es hoy España.

La esencia de la política que practicó Pedro Sánchez para acceder al poder, consistió en pactar y conceder todo lo que le pedían los independentistas catalanes, los nacionalistas vascos y el de Teruel, sabiendo a ciencia cierta que mucho de lo acordado es de imposible cumplimento. Y desde que gobierna el socialismo, los errores diarios, el ocultismo en la negociación con los independentistas y su propósito de cambiar el Código Penal, solo por favorecer a los sediciosos, está fracturando a la sociedad y las instituciones. Este PSOE liderado por Pedro Sánchez, desde sus primeros días de gobierno, está ocasionando tal destrozo en su afán de gobernar con el apoyo de los independentistas que a España no le va a quedar ni el nombre dentro de poco.

Cuando Alfonso Guerra dijo aquello de «a España no la va a conocer ni la madre que la parió», vimos rápidamente que se refería a progresos, no a destrucción, ni a las políticas sombrías y el ocultismo propio de trileros, como el que están protagonizando Pedro Sánchez y sus mariachis. Con Guerra y los socialistas de entonces vinieron inmediatamente las autopistas que vertebraron a España, la Expo de Sevilla, una explosiva riqueza cultural y el prestigio internacional de todo lo español. Con Sánchez y el PSOE de hoy ha llegado la manipulación y la mentira, el trapicheo político, el fomento del descrédito de la justicia española y el desmontaje soterrado de la Constitución. Un auténtico maremoto provocado deliberadamente con daños irreversibles.

Solo algún ejemplo de lo que está sucediendo hoy en España. El gobierno socialista alimenta la cortina de humo del pin parental donde se enfrentan valores morales y derechos políticos, haciéndolos irreconciliables hasta que puedan alcanzar el lema marxista de «victoria o muerte», en vez de negociar y hacer compatibles esas aspiraciones. No les interesa. Lo importante es entretener al personal con eso. Mientras tanto consienten y jalean el adoctrinamiento separatista de los niños en las escuelas públicas catalanas, la desaparición del idioma español, los espías en los recreos, el odio y persecución de los niños que se sienten catalanes y españoles al mismo tiempo. Una auténtica vergüenza.

Otro ejemplo. En EEUU se está librando la gran batalla del «impeachment» de Trump por mentir. En la España de hoy, casi toda la política se basa en la mentira e incluso se rectifica mintiendo con impudor, negando la evidencia, como hace Abalos. Con un Congreso desactivado en sus sesiones de control al Gobierno, va Pedro Sánchez a postrarse ante Torra guiado por el inefable Iceta que es el líder de esta operación.

Llamando diálogo a lo que es sumisión, Pedro Sánchez e Iceta van a sentarse a negociar con Torra, que ya es un convicto con sentencia firme condenatoria y unánime de inhabilitación, dictada por el Tribunal Supremo. Y aún así, sigue elevando el tono, la amenaza y la insumisión. Cuando esto escribo, Sánchez mantiene su visita a la Generalidad, convertida hoy en guarida del delincuente separatista. ¿A qué va, cuando Torra dice que de lo único que hay que hablar es de la independencia de Cataluña?. Va a pedirle sus votos, ¿a cambio de qué otra cosa más?

En su actuación maquiavélica, el PSOE y Podemos han acuñado una consigna que repiten como loros parlanchines. «Judicialización de la política», dicen, pero lo que están haciendo ellos es que están politizando la justicia. Quieren convertir a los sediciosos en los intocables de Eliot Ness domesticando a jueces y fiscales para que no intervengan cuando desde la política se violen las leyes. Les estorba, para convertir a los independentistas en socios activos o pasivos de su gobierno.

Están prostituyendo el Estado de derecho con pactos secretos aún no desvelados, erosionando la arquitectura constitucional, tolerando que desde el poder de la Generalidad se agigante cada día más el odio hacia España. Todos los que dieron su apoyo al golpe de Estado, huidos en el extranjero o dentro de la cárcel, son los que están marcando el ritmo y el tiempo político. ¡Qué pena que los ideales de la izquierda solo sirvan para enarbolar la bandera del «procés» identitario, y no los de la solidaridad, derechos y libertades de todos los españoles!

Con dieciséis años ya tenía yo un programa propio en la radio. Recitaba a Berceo, Garcilaso, Juan del Encina y a los místicos del Siglo de Oro mientras que Don Manuel Muñoz Cortés tocaba la flauta dulce acompañándome en riguroso directo. Quiso enseñarme pero no aprendí. Como la política española siga así estoy pensándome volver al pastoreo, aunque solo sea tocando el humilde caramillo.

20 de enero de 2020

DERECHOS HUMANOS

Cuando veo la cara de un niño lloroso y desprotegido ante la alambrada de espino de Europa reteniéndolo ahí, la angustia me ahoga. No puedo comprender como la Europa inventora de los Derechos Humanos ha podido insensibilizarse hasta estos extremos con el sufrimiento humano, y como la solemne Declaración Universal, aprobada por las Naciones Unidas en 1948, sólo es hoy papel mojado y un documento sin ninguna utilidad práctica, salvo el de servir de careta a la hipocresía europea actual.

Pienso también en la deshonestidad europea que pregonan esos derechos inexistentes, antes irrenunciables y ahora sustituidos por la insolidaridad, culminando con el desamparo del ser humano como norma actual de conducta. Estamos viviendo una crisis de refugiados, convertida en un éxodo de proporciones bíblicas. Esa masa ingente de seres humanos, llegados a Europa con la última esperanza de ser acogidos como refugiados, es el drama televisado a la hora del almuerzo que nos permite meditar sobre el dolor de los demás ante nuestro plato de sopa caliente.

Los refugiados llegados a Europa que han podido sobrevivir de los naufragios, no han sido recibidos con los brazos abiertos y si con alambradas electrificadas.

¿Cuántos han muerto ya vencidos por el frío y el hambre? ¿Dónde están los rechazados de los que veíamos noche y día en imágenes en directo tomadas en el mismo instante en que fueron emitidas y hoy han desaparecido de los telediarios? ¿Dónde están los centros de acogida y qué condiciones reúnen?

Ahí están los refugiados en campos de retención e internamiento, confinados y abandonados en Grecia y Turquía, o diseminados por el resto de Europa, padeciendo un sufrimiento insufrible y muriendo ateridos de frio, de miedo y desesperanza, y que retenidos o dispersos, viven una situación crítica, soportando temperaturas de hasta 30 grados bajo cero en tiendas de campaña y barracones. Se están muriendo de frío y desamor. En Belgrado es aún peor, porque más de 1.200 personas duermen a la intemperie, según noticias internacionales que leo mientras degusto mi reconfortante desayuno.

El Alto Comisionado de Naciones Unidas para los Refugiados (ACNUR) denuncia las muertes por frío en rueda de prensa, pero no dice si ha solicitado la reunión inaplazable y urgente de la Asamblea Plenaria de Naciones Unidas para solucionar este lacerante problema. No conozco qué medidas prácticas están promoviendo. UNICEF denuncia la situación extrema de los refugiados menores de cinco años que son los que más caro pagarán las graves consecuencias para su salud, en estos días de frío. En parecidos términos se manifiestan otras organizaciones internacionales con sede en Ginebra. Todo son declaraciones.

El Parlamento Europeo en su Sesión Plenaria de Estrasburgo ha aprobado la petición de ayudas de emergencia a la Comisión y Consejo. Unas monedas, imagino yo. Debería caérseles la cara de vergüenza a los europarlamentarios por causar con su pasividad tantas tropelías y sufrimientos, sin abordar de forma resolutiva y definitiva la raíz del problema.

Es mentira que «todos los seres humanos nacen libres e iguales en dignidad y derechos» porque Europa se los niega a los refugiados. Este principio que es el alma de la Declaración y que nació y se redactó como el más noble de los ideales, sólo es hoy pura literatura hipócrita. ¿Considera Europa y el Parlamento Europeo y su Consejo, los Derechos Humanos de los refugiados reconociendo en ellos «la dignidad inalienable de los seres humanos»?

Y sobre todo permítanme que les cite el artículo 14 de la Declaración que es de absoluta aplicación a los refugiados: «En caso de persecución, toda persona tiene derecho a buscar asilo, y a disfrutar de él en otros países». Los Estados europeos más intolerantes construyen murallas de espino y los expulsan violentamente; otros se desentienden, y sólo la señora Merkel está seriamente comprometida. ¿Qué hacen la Convención sobre el Estatuto de los Refugiados y la del Estatuto de los Apátridas estos días? ¿No son las Convenciones las obligadas a mantener «el principio de que los seres humanos, sin discriminación alguna, deben gozar de los derechos y libertados fundamentales»?

Tantas organizaciones internacionales, tantas estructuras administrativas, tantos rascacielos en las ciudades más caras del mundo, tantas personas a sueldo, ¿no podrían hacer algo más por los que huyendo de las guerras y el hambre están abandonados hoy en Europa muriéndose de frío, desesperados y debilitados en su inconsolable sufrimiento actual? Esas personas que se están muriendo de frío son las que llegaron a Europa huyendo del horror de la guerra, del hambre y la tiranía, buscando un lugar donde no ser torturadas, encarceladas, mutiladas o asesinadas. No existe mayor crueldad humana que la que están viviendo hoy como remate a su desgracia. Están encerradas, maltratadas, desesperadas, cansadas y desprotegidas.

¿Dónde están los Derechos Humanos, la vergüenza de los Estados y de los ciudadanos europeos, sin conciencia y sin humanidad? Debería iniciarse ya un movimiento internacional pidiendo la abolición del artículo 14 de la Declaración. ¿Para qué sirve hoy? Hungría y su primer ministro Viktor Orbán rechazando con fiereza a los refugiados y el vocinglero sheriff americano señor Trump insistiendo en su proyecto de levantar murallas. ¿Qué deberíamos hacer los españoles para que nuestro gobierno cumpla con su obligación de acoger a los refugiados asignados? Hoy mismo el Presidente del Gobierno español debiera coger el teléfono y decir: «Mándenme los 17.000 que nos corresponden con urgencia. Sobre todo los que se están muriendo de frío. Son los asignados por acuerdo internacional». El mundo rompería a llorar.

21 de enero de 2017

PENSIONISTAS

Pensionista es la expresión eufemística empleada por la administración del Estado para hablar enfáticamente de los viejos y jubilados. Esos llamados pensionistas han tomado las calles españolas para despertar a la acomodaticia clase política, con esa insolencia tan característica de las voces que defienden causas justas. Estas gentes son los que cada año ven revalorizada su pensión un 0,25%, mientras que los altos ejecutivos del IBEX se aumentan más de un 200%, o los batallones de asesores políticos también aumentan sus sueldos, o Puigdemont y afines derrochan a lo grande.

Estos pensionistas, son viejos que tienen la valentía de tomar las calles denunciando la situación de precariedad que sufren, hirviéndoles la sangre al ver cómo se va el dinero público por las cloacas del independentismo catalán, el grifo derrochador e improductivo de las autonomías, el desprecio y ausencia de prioridades que debieran anteponerse. Son viejos que con esa actitud se mantienen vivos luchando contra el paso del tiempo, con más libertad y energía que nunca, viviendo en plenitud sus obligaciones y derechos cívicos.

El Pacto de Toledo tuvo la previsión y acierto de crear el Fondo de Reserva, o «hucha» de las pensiones, para que cuando la Seguridad Social tuviese un déficit excepcional quedara garantizado el pago y actualización de las pensiones. Se usaría, por tanto, alguna vez, excepcionalmente. Alcanzó una cuantía cercana a los ochenta mil millones de euros. Entonces, llegó la burbuja. Empezaron a sacar dinero hasta dejarla casi vacía. De ella han estado viviendo los últimos años cerca de diez millones de pensionistas. La «hucha» se ha roto.

Cuando los pensionistas contributivos cobran cada mes, no están recibiendo ninguna limosna del Estado para malvivir, una vez jubilados. Durante toda su vida laboral anterior, el pensionista adelantó previamente al Estado las cotizaciones necesarias para la constitución de un sistema que le devolviera posteriormente ese dinero capitalizado, —en forma de renta—, una vez finalizada su actividad laboral. Para que nos entendamos. Ese dinero del importe de las pensiones contributivas no es del Estado. Es el de los pensionistas.

Es obvio que el sistema necesita más recursos financieros para afrontar en un futuro muy próximo la incorporación de una avalancha gigantesca de nuevos pensionistas; las expectativas de vida con pensionistas muy longevos, el aumento demográfico, alto nivel de desempleo, la brecha entre contratos temporales y fijos, la desigualdad creciente. Siendo tan grave todo lo dicho, nada impide que olvidemos el problema más inmediato. Las voces de los jubilados reclamando una urgente revisión al alza de sus pensiones. Sólo piden que se mantenga el poder adquisitivo de sus pensiones, que se asegure la sostenibilidad, cobertura y cuantía, con garantía de niveles dignos y suficientes. Ese debiera ser el principal objetivo del Gobierno. No lo es. España vive hoy con el alma en vilo dedicándose a otras causas que la conducen hacia su autodestrucción y hastío y a la inoperancia de una masa ingente de políticos profesionales, que sigue aumentando, y a poco que nos descuidemos, serán tan numerosos como los pensionistas.

La primera lección que debe tener aprendida una persona al llegar la edad de jubilación, es que, inmediatamente será clasificado como olvidable, y prontamente también le habrán convertido en invisible. A lo sumo, si ha intervenido con cierta incidencia en la vida pública y ha tenido una actuación honesta, será objeto de muestras de respeto indulgente, como el que se dedica a los pobres marginados. Y algo más triste. Los jubilados de hoy deben aprender que pertenecen a un mundo, en el que la moda de ahora es que los años acumulados por una persona son un demérito y la juventud una virtud.

Estos jubilados, viejos y callejeros, vociferando que se descongelen sus pensiones y sean vinculadas al IPC, me recuerdan a John Wayne, que siendo muy mayor y negándose a desaparecer, cabalgaba sobre su caballo cimbreando su voluminosa barriga y ojos cansados, al filmar sus últimas películas por las amplias calles de Durango, en el viejo Oeste americano persiguiendo a cuatreros, malvados y forajidos. Me descubro ante estos viejos pensionistas.

17 de marzo de 2018

GRETA THUNBERG

Como ahora dispongo de todo mi tiempo en plenitud soy libre como el viento y me dedico a diseñar la transformación que me convertirá en un hombre del Renacimiento. Ahí está la tabla de salvación que sirve para huir de estos tiempos fielmente calcados de la tenebrosa Edad Media donde ocurrieron sucesos terribles, ya que con el oscurantismo llegó también el feudalismo, tan semejante a la pretensión independentista catalana de hoy mismo; los movimientos migratorios inmensos huyendo de la muerte, el hambre y la tiranía; el olvido de la cultura grecorromana y la pérdida del concepto de ciudadanía.

Pasaron las Edades históricas porque al parecer hemos entrado en el Epílogo terráqueo. La Edad Media tuvo movimientos migratorios de miles de personas acompañadas de la destrucción y muerte de países enteros. Hoy con el cambio climático irreversible provocado por el hombre, son millones los desplazados climáticos que huyen de tierras devastadas por la sequía; terribles inundaciones, contaminaciones, desaparición masiva de especies, crisis acuíferas sin precedentes que unidos a los emigrados políticos, étnicos y victimas de guerras, están provocando una catastrófica crisis humanitaria global.

En los siglos XV y XVI, durante la transición de la Edad Media a la Moderna, llegó el Renacimiento que trajo una gozosa concepción para contemplar al mundo y seres humanos nuevos. Y ahora me pregunto yo: ¿por qué no implantamos hoy un nuevo Renacimiento que salve al mundo? En esto estaba, cuando se me apareció Greta Thunberg.

Decididamente huiré de este dantesco escenario medieval que se avecina y pediré asilo al Renacimiento. Sus principios coinciden con mis creencias y su modelo de salvación humanística. Mil quinientos años después, el Renacimiento resucitó la cultura grecorromana y en la España democrática de hoy, cafres políticos de un signo u otro, como en el oscurantismo, persiguen con saña la enseñanza de latín y griego, desterrándolos de los planes de estudio y alejándonos de nuestros orígenes.

Para culminar su revolución, el Renacimiento echó la vista atrás y le bastaron solo cuatro versos de Horacio y Virgilio para cambiar el mundo. Dos versos de cada uno. De Horacio tomaron el «Beatus Ille» (Dichoso aquel) y el «Carpe Diem» (Atrapa el día); y de Virgilio el «Tempus fugit» (El tiempo huye) y «Locus amoenus» (el lugar ameno). Esos cuatro versos destilaron las aspiraciones del hombre renacentista. Ese sería mi programa utópico de vida si existiera algún remoto lugar que se aproximara al «locus amoenus» para escapar de la hecatombe climática que se avecina, cuando llegó Greta Thunberg para despertarme.

Quería explicarle a Greta Thunberg mi nueva norma de vida renacentista fundamentada en la conjunción de esos cuatro versos resumidos así: Viviré en un lugar ameno, consciente de que el tiempo huye velozmente, y atrapando el momento presente alcanzaré la dicha de la felicidad.

Ponga usted los pies en la tierra, dijo Greta. ¿En qué sitio de este estercolero terráqueo cree usted que existirá mañana un «locus amoenus», un lugar idílico? Vuelva a la realidad, caballero. Greta Thunberg es una adolescente sueca que desde los once años viene alzándole la voz a los poderosos y generando una consciencia colectiva sobre el calentamiento global. Empezó su cruzada en solitario, sentada ante la puerta del Parlamento sueco. Después se sumaron jóvenes de su misma edad y llegaron las huelgas estudiantiles. Crearon el movimiento «Juventud por el clima» y consiguieron que el Parlamento sueco redujera las emisiones de carbono a los niveles establecidos en el Acuerdo de Paris.

Todo eso lo alcanzaron unos niños suecos solamente con un cartel que decía: «Huelga escolar por el clima». Hoy los jóvenes de todo el mundo se están movilizando y multiplican sus huelgas protestando por el desastre que nos matará, sin que Organismos y Gobiernos adopten medidas severas para evitarlo. Esta es la situación: los niños de la convocatoria mundial del «Fridays for Thunberg», solos frente al poder global.

Greta Thunberg ahora tiene 17 años, pero a pesar de su corta edad, el 4 de diciembre del año pasado, con solo 16 años, pronunció un discurso en la Cumbre del Clima de las Naciones Unidas y días más tarde otro ante la Asamblea Plenaria del COP24, donde dijo: «Ustedes no hacen nada pero dicen que aman a sus hijos y les están robando el futuro. Detengan ya la emisión de gases de efecto invernadero». Algo parecido le dijo esta pasada primavera a la Asamblea plenaria anual del Foro Económico Mundial de Davos, antes de que se produjera la marcha mundial contra el cambio climático. Da vértigo tanta constancia, tanta generosidad, tanta convicción, y que ese protagonismo se le deba a una adolescente, mientras el mundo del poder y el dinero miran hacia otro lado. Es jocosa esta situación cuando te enteras que Greta, durante su niñez, tuvo problemas de autismo. El mundo al revés. ¿No serán los organismos internacionales mundiales, los gobiernos y el poder global los autistas, y Greta la única luz solitaria y lúcida la que nos conduce?

Sobre mi mesa se quedan sin utilizar docenas de folios preparados para resumirlos en este artículo. Estadísticas de temperaturas que alcanzan records insólitos; sobre gases de efecto invernadero y despropósitos del payaso Trump; los Océanos colmatados con millones de toneladas de plástico; datos sobre inmensos vertederos de residuos tóxicos, nucleares y radioactivos, imposibles de reciclar y la dejación suicida que no frena el calentamiento global. La Naturaleza ha cruzado una frontera sin retorno. El miedo ecológico al mañana nunca nos abandonará.

Todos estos males que enuncio, enlazan con el principio del artículo donde les apercibía de que somos nosotros, y millones de personas como usted y yo, los verdaderos protagonistas del Epílogo terráqueo que ya ha comenzado. También puede que seamos corresponsables directos o indirectos de cuanto está pasando por nuestra indolencia, dejándolo todo en manos de Greta. Ya la han nominado para el Nobel de la Paz de este año. En diciembre lo decidirá el Comité Noruego del Nobel. Esperemos que de tiempo, antes de que llegue el holocausto medioambiental.

22 de junio de 2019

EL REALITY POLÍTICO ESPAÑOL

Desde el «homo sapiens» y superadas las posteriores edades del hombre (cobre, bronce, hierro), miles de años después, se veía venir. Hoy, superadas todas las evoluciones del conocimiento, el hombre ha llegado a la culminación de la inconsistencia. Ahora estamos en la Edad de la política espectáculo. El instrumento básico del que se ha valido el político en esta etapa, ha sido la utilización de todos los medios de comunicación, desde la prensa, la radio y el internet, hasta la estrella que nos ilumina: la televisión. Dudo que el político haya sido el inventor. De ningún modo. Los objetivos creadores han sido el «merchandising» político y la conquista de la audiencia diseñada por los programadores de los «reality» españoles, que están arrasando. Nosotros los españoles hemos sido los precursores antes de que apareciera el multimillonario señor Trump. Aquí nació Pablo Iglesias en la casa cuna de la televisión comercial.

Como hay que alimentar la audiencia y conseguir la mayor contratación publicitaria, día a día, mañana, tarde y noche, se montan grandes espectáculos para que crezca el monstruo del hombre político actual. Cuando crece mucho, mucho, y llegan las elecciones, —como en el caso del señor Trump—, recapacitan, y recomiendan la abstención. Se ha llegado tarde. El monstruo del populismo, la mentira y la demagogia que han creado, ya tiene vida propia y llega al poder. Lo que parecía un experimento comercial y sociológico, vestido con escenografía de gran espectáculo político, se ha desmadrado después y el hombre político populista investido con el poder que le ha otorgado la audiencia, vuela sólo imponiendo su ley. El político espectáculo, desde su propio castillo, con su desparpajo populista, arremeterá contra todo lo que se mueva, intentando o logrando destruir todo lo conquistado anteriormente como si siguiera en el plató televisivo.

El «zoon politikón» inventado por Aristóteles, y cuyo significado literal es «animal político», es un cliché exacto de este «animal político televisivo» de hoy. Aristóteles decía que el hombre político existirá siempre que viva en comunidad, y yo añado que con televisión, porque díganme ustedes si es posible hoy alcanzar dimensión política sin los platós televisivos y el internet. Las cualidades y virtudes más destacadas del político de hoy son el cinismo, la hipocresía y la mentira, sin cuyo dominio es imposible el triunfo del espectáculo televisivo ejercido por esos telepredicadores carismáticos. En sus homilías populistas fascinarán a «la gente» con sus frivolidades y serán coronados como lideres invencibles. No importa que perviertan a la sociedad, a la democracia, ni que pongan en peligro a la propia España.

Lo peor de lo que está pasando es que ya no tenemos ni a Ortega, Azorín, Maeztu, Baroja, Giner de los Ríos, ni a Unamuno, entre otros muchos, para hablar por la televisión; hoy sólo tenemos a unos pocos, como Sabater y Jarauta, dando la cara. Lo peor es también que, salvo excepciones, los medios de comunicación no investigan, no se comprometen abiertamente, y en vez de alentar y dar vuelo a los telepredicadores populistas, los desenmascarasen. Aún les quedarán, fuera de control, las redes sociales. La única autoridad existente le ha sido confiada a los animadores profesionales del entretenimiento y del sensacionalismo en esos programas televisivos sin ningún control riguroso y serio. El reality político español ha tomado el poder. El poder es la audiencia, pero el otro poder, es que ahora también la audiencia está a las órdenes del populismo.

Hoy hay una excesiva saturación política en los medios de comunicación tanto en prensa, como radio y televisión. Demasiado protagonismo artificial de los políticos y los partidos. Noticias diarias que nacen y mueren ese mismo día elaboradas en los gabinetes de prensa sobre temas inventados, proyectos que no nacerán si quiera, y otras de pura propaganda sin contrastar. Ese protagonismo tan dañino a la verdad y la democracia, debería reducirse a su mínima expresión. La opinión pública ya no es sólo la opinión publicada. Las conversaciones digitales y sociales son la nueva expresión de nuestro tiempo. El triunfo lo tienen garantizado los dominadores de la acción digital y los reality que han desbordado los cauces tradicionales.

La mezcla salvaje de política, entretenimiento y espectáculo de las televisiones comerciales, junto a la agitación de las redes sociales, son la levadura de este hedor insoportable de esta España de Babel de hoy, en descomposición imparable. Vivimos el triunfo de la ira frente a la razón; de la primacía de los nacionalismos aldeanos sobre el bien supremo general de los españoles; del desorden y desobediencia generalizados, sobre el orden de las leyes y normas constitucionales. Hay que desconfiar por naturaleza de estos líderes populistas de hoy, mesiánicos y dominadores del espectáculo, con sus iras y odios permanentes, ya sea en sus declaraciones en los pasillos del Congreso o en los platós, porque esas actitudes cuando vulneran reiteradamente las líneas rojas, siempre devienen en tragedias colectivas.

Lo difícil es que triunfe hoy la luz de la verdad ante tanto protagonismo populista, con el deslumbrante destello mediático puesto a su disposición y el dominio de las nuevas tecnologías de la comunicación sin hacer nada por contrarrestarlo. Estando quietos y sin iniciativas es imposible desmontar esta vertiginosa realidad de ahora. Se confunde la indignación, con la agitación y la irracionalidad; la verdad, con la manipulación; los verdaderos gestores, con los provocadores; los proyectos y transformaciones reales, frente al desorden de las emociones populistas e independentistas.

Para vencer a todo eso harían falta políticos con talla intelectual, no cocinillas de partido, ni los de verborrea de ahora, sin ideario ni principios conocidos, incapaces de hilvanar un par de ideas. Ahora suelen ser especialistas en el barullo, el lío y la agresión verbal. Son los tiempos del reality político en esta Torre de Babel llamada España.

10 de diciembre de 2016

ESPAÑA DE MERCADERES

El cesto de la política española de hoy se trama con estos mimbres: un Partido Popular esclerotizado con abundantes políticos profesionales cuya única actividad ha sido esa y están ahí desde que hicieron la primera comunión y hoy con la ansiedad y zozobra de sentencias judiciales que están al caer; un PSOE cainista y dividido en toda España y una socialdemocracia decadente en toda Europa. ¿Qué pasará si el recién llegado Pedro Sánchez abandona el centro izquierda que le dio votos masivos y culmina su plan de convertirlo en una fuerza radical de izquierdas, con sus votantes rompiendo amarras y a la deriva? Un Podemos clonado del chavismo y populismo más radical, poniéndonos en estado de alarma colectiva por sus peligrosas políticas de demagogia y disgregación de España. Un Ciudadanos huérfano de cuadros dirigentes solventes donde no impera el principio de capacidad y mérito y con su incompleta implantación territorial a la deriva.

Con estos partidos políticos en la esfera nacional se hace la política presupuestaria en esta España de Babel de los mercaderes de hoy, donde prevalecen junto a la efervescencia de los nuevos populismos con trasfondo de viejos fascismos de izquierda y derecha, el imperio de la corrupción y la compra de votos, a cambio de inversiones territoriales, traicionando así la justicia distributiva en perjuicio de las Comunidades que permanecen mudas e indefensas, sin organización política autóctona que les defienda.

En la Región de Murcia vivimos el final de una época política después de un larguísimo periodo de gobiernos mayoritarios con un partido político hegemónico salpicado hoy por la corrupción política; obras incosteables catastróficas y faraónicas que nos han endeudado para siempre. Partidos políticos como PSOE, Podemos y Ciudadanos, con Diputados a Cortes sumisos y sometidos disciplinadamente solo a la defensa de sus intereses partidistas y no los de esta Región, y que con nuestro consentimiento y votos los aupamos e inmediatamente nos olvidan y engañan en todo: inversiones territoriales, obras públicas, política de aguas, el AVE que lleva funcionando en Andalucía más de veinticinco años y aquí siempre nos dicen que mañana; sin un metro de ferrocarril electrificado, con el Gorguel archivado. Son algunas muestras en el catálogo de agravios y carencias de esta Región que se culminan año tras año con nuestros votos.

Todo esto ocurre no solo porque la Región de Murcia esté muda e indefensa, es algo peor: no tiene entidad política nacional alguna, ni fuerza, ni capacidad para negociar sus intereses, gobierne quien gobierne. La culpa solo la tiene la Región de Murcia que ignora por completo el significado territorial de los votos en esta España de los mercaderes de hoy. Imagínense que con los diez Diputados a Cortes que tenemos, —el doble que PNV y más que la antigua CIU—, la Región de Murcia podría conformar un Gobierno de mayoría absoluta ahora que esas metas son inalcanzables. Con cinco, casi: y solo con uno o dos, seríamos como Nueva Canarias y el señor Quevedo, que tienen en vilo, solo con un voto, la llave de los Presupuestos del Estado.

En esta España de los mercaderes de hoy, casi todas las Regiones españolas tienen su propia voz diferenciada en el Congreso. Es decir, tienen voz territorial, además de las otras voces grupales de izquierda y derecha. Murcia solo tiene promesas engañosas e incumplidas, pero no hechos, de esos partidos a los que hemos otorgado nuestra representación. Si algo sé con toda certeza política es que el Congreso de los Diputados es la olla donde se cuecen todos los guisos. Mientras tanto, en esta España de los mercaderes, el PNV se lleva el cupo y la copa; los nacionalistas catalanes también, por las buenas o malas y el señor Quevedo de Nueva Canarias, con un voto solitario, se lleva lo que pida. Entre tanto, la Región de Murcia sigue ensimismada en su secular letargo, ya cantado hace mucho tiempo por Vicente Medina en su «Cansera».

¿Por qué la Región de Murcia mira hacia otro lado y sigue con los métodos y organizaciones que nos han llevado hasta aquí? Un endeudamiento del que no saldremos jamás, con la Región de Murcia en los últimos puestos de cualquier actividad productiva, económica y laboral a escala nacional e internacional, en el furgón de cola de Europa y relegada en las inversiones del Estado. O Murcia despierta organizando definitivamente una fuerza política autóctona, fuerte e independiente, o las cosas empeoraran mucho más. Sin embargo, las voces de gentes nuevas, capaces de impulsar esos ideales, se han esfumado hasta sucumbir en el desengaño, porque los promotores no actuaron con el coraje y urgencia que exigía la activación de esos ideales, y aplazándolos para mañana los condenaron al fracaso. Es lo que ocurre siempre cuando un proyecto político es incapaz de dinamizar e ilusionar con su propia épica. Y si la Región de Murcia pierde esa épica será condenada para siempre al fracaso y al status de hoy.

27 de mayo de 2017

APOLOGÍA CONSTITUCIONAL

Todos los años escribo una apología constitucional que se convierte en un canto de exaltación a favor de la Constitución española. Ahora cumple 39 años de vida. El 6 de diciembre de 1978 fue ratificada por el 87,78 de los votantes, convirtiéndola en la única Constitución de la historia de España que ha sido refrendada y aprobada por todos los españoles. Ahí está. Aguantando todos los ataques e intentonas golpistas que obstinadamente buscan su destrucción. Cuando llega un momento crítico como la rebelión secesionista catalana de ahora, aparece una norma constitucional precisa que reconduce las aguas a su cauce. La Constitución es nuestro salvavidas garantizado y también una roca salvadora durante la tempestad.

Así veo a esta Constitución nuestra, tan denostada por los desleales independentistas catalanes; los bolcheviques de las CUP; por Pablo Iglesias y su popurrí de Podemos, insomnes por acabar con ella y no con los problemas de los indignados que sólo utilizan para sus fines desestabilizadores; partidos políticos y sus líderes sirviéndose de ella, yendo a lo suyo y hablando de reformas y planteando problemas extemporáneos que olvidan a las pocas horas sin presentar el más mínimo proyecto; ciudadanos indiferentes y pasivos que pasan de las urnas en los procesos electorales, ignorando las graves consecuencias que acarreará a sus vidas y el precio tan alto que pagarán. Todo eso y más lo resiste la Constitución. ¡Imagínense lo fuerte que es!

¿A quién en su sano juicio se le ocurriría atacar y menospreciar a la Constitución española, salvo a ellos? La Constitución nos ha dado un Estado social y democrático de derecho; el orden político y la paz social; el reconocimiento de la dignidad humana, justicia e igualdad; la organización política, económica, cultural y social de España; la coexistencia de libertades y derechos, democracia y participación; y tantos otros derechos y deberes fundamentales que regulan nuestra convivencia evitándonos sustos irreparables.

Estos días electorales, el PSOE emplea a la Constitución como arma arrojadiza contra su contrincante político el PP exigiéndole un cambio inmediato de la noche a la mañana, sin saber qué es lo que hay que cambiar y sin fraguar previamente consenso alguno cerrado. Es una irresponsabilidad, y tampoco ahora es el momento de los rifirrafes. A la Constitución, desde luego que hay que reformarla, pero no para darle más prebendas a los independentistas, sino a todos los ciudadanos por igual, delimitando las competencias de Estado y autonomías. Todo eso con los constitucionalistas unidos gobernando Cataluña, con una hoja de ruta, consenso asegurado, dictámenes previos de constitucionalistas y Letrados de las Cortes, y por último, a debatir en el Congreso.

Pedro Sánchez y el PSOE debieran saber sobre todo esto y ser más cautelosos al emprender aventuras que finalmente conducen a cataclismos, como ocurrió con Zapatero y sus actuaciones políticas y los graves errores del PP, que fueron el origen y levadura del desastre catalán actual. A ver si aprendiera el PSOE alguna vez a actuar como su homologo SPD alemán de Martín Schult, negociando y gobernando con Angela Merkel. Y son tan socialistas como el PSOE. ¿O no?

La principal acción que debe afrontar el PSOE, si de verdad quiere liderar el constitucionalismo, es defender una política de unidad constitucionalista entre Gobierno, PP, PSOE y Ciudadanos, dejando la puerta abierta a los demás, y no lanzando iniciativas individuales con demagogia electoralista, injustas y engañosas, como la propuesta de Iceta de la condonación de la deuda y la creación de la Hacienda catalana, que han alterado al gallinero socialista y al resto de las autonomías.

El PSOE debiera estar abiertamente al lado de los que practican las solidaridad y cumplen las leyes y no con los intolerantes y fanáticos que quieren expulsar a la otra mitad de catalanes; con los que defienden el orden constitucional, frente a los que lo ultrajan; con los que defienden la convivencia de todos los españoles, y no con los que odian a España y quieren irse de Europa; no con los que han provocado la ruina económica, huída y cierre de empresas.

Para comprender la contundencia de cuanto estoy diciendo en esta apología constitucional que envío a Pedro Sánchez y al PSOE, debo decir algo más: ¿es posible que aún no tengan claro el significado del 21D, y alberguen la posibilidad de un acuerdo en otro sentido, dando apoyo a los partidos independentistas catalanes? Le bastaría recordar lo que querían crear y las operaciones fraguadas aprobando leyes anticonstitucionales de forma tan arbitraria e ilegal.

Que nadie lo dude: todo eso lo volverán a intentar si ganan los independentistas el 21D, y seguirán adoctrinando a los niños en las escuelas públicas; malgastando ríos de dinero público convertido en bitcoin para pagar otro «procés»; intentando hacer la vida imposible a los que no entran por el aro. Por ahí debiera empezar la reforma constitucional y no perdonándole la deuda de sus embajadas; ni las facturas de las urnas compradas a los chinos; ni las otras facturas de las noticias falsas divulgadas en internet con la falacia de los mil heridos graves por la Guardia Civil, distribuidas por los rusos y el ciberactivista Assange. A ver si entendiera esto el PSOE.

Feliz cumpleaños otro año más, querida Constitución. Ojalá cumplas otros 39 más. Aunque sigas como estás ahora. Pero si te maquillas un poco, mejor. ¡Guapa!

9 de diciembre de 2017

14 DE ABRIL

Al tomar el bolígrafo entre los dedos cuando empieza a deslizarse sobre el folio en blanco, sabiendo que será leído hoy 14 de abril, siento una sensación muy fuerte. El periodista y narrador del presente es servidor, cuyo término es homologable con el de la actualidad, y por eso le está vedado mirar hacia otro lado. Decir 14 de abril, por asociación de ideas, es decir República. De modo que no puedo silenciar dos efemérides extraordinarias: la proclamación de la II República y el hundimiento del Titanic. Mire usted que gran casualidad. El Titanic se hundió tal día como hoy hace 106 años, y la proclamación de la II República aconteció hace 86 años, y después pasó lo que pasó.

Toda la historia republicana española queda circunscrita a dos períodos históricos distintos, y sumando ambos, la República sólo estuvo operativa en España durante menos de diez años. La actual Constitución española cumplirá cuarenta años en diciembre. La primera experiencia, -sin señalar a ningún culpable-, terminó con una guerra civil terrible, sufrimientos inmensos, miseria y hambre. La segunda, que ya es cuarentona, nos ha dado el período histórico de paz más largo, una prosperidad que nos ha situado entre los principales países del mundo, el Estado de derecho y del bienestar, la democracia y la libertad, entre otras bondades.

La actual Constitución española se inspira en sólidos principios republicanos. Ahí quedan recogidos todos sus grandes ideales porque está fundamentada en el imperio de la ley; la soberanía del pueblo español; separación de poderes; igualdad de todos ante la ley y libertad religiosa, junto a otros grandes preceptos de carácter social.

Luego la única diferencia sería que el presidente de la República es nombrado en elecciones periódicas, mientras que en nuestra Monarquía parlamentaria, se garantiza la permanencia y unidad del Estado por encima de corrientes políticas coyunturales, evitando «acostarse monárquico y levantarse republicano». Lo más importante es que esta Monarquía parlamentaria es representativa y el poder real de la «res pública», siempre queda en manos del pueblo. ¿Merece la pena, sólo por este matiz, desmontar todo y volver a las andadas?

Companys no fue tan lejos como han llegado Puigdemont y sus mariachis. Proclamó una República catalana dentro de la española. Puigdemont no. Proclamó la independencia catalana a las bravas, apoyado por un referéndum fraudulento e ilegal que no supo impedir el Gobierno de Rajoy. En fin, que con la propia II República española tampoco sonaron campanas de gloria para los oprimidos. Por ejemplo. Aquí tengo en mis manos el Carnet de Pobre de nuestra paisana Rosario González Lisón con sus dos hijos. Pobrecicos. Así los catalogaba el Registro de Pobres en plena II República. Que yo sepa en la Constitución española se garantizan y proclaman cosas bien distintas.

En nombre de la República, están socavando la ley, el orden constitucional, la convivencia y la democracia en Cataluña. La escalada de violencia orquestada desde los

Comités de Defensa de la República se nutre de anarquistas, movimientos asamblearios y señoritos de postín de la burguesía independentista. Todos en la misma cama. Cortan autovías, servicios estratégicos, grandes avenidas, circulación de trenes y hasta las fronteras, en una clara y abierta desobediencia y rebelión civil, multiplicando sabotajes y algaradas o como matones, persiguiendo a personas decentes, que como enseña la historia, al final siempre terminan con rosas de sangre. ¿Son estos los valores republicanos que dicen defender?

Tanto el separatismo catalán, como el vasco, se alimentan de una ideología reaccionaria que nada tiene que ver con las libertades individuales y el Estado de Derecho. También dan la espalda a principios republicanos básicos como democracia, tolerancia, diversidad e igualdad. En su delirio independentista fomentan la discriminación e intoxican la convivencia de unos y otros. Siempre hacen lo mismo. Sólo les obsesiona el 155, con razón, porque es la llave que frena sus delirios.

En la España de hoy no existen líderes como ese catalán excepcional llamado Josep Tarradellas sobre el que escribo siempre defendiendo su memoria y legado, desde que Pujol y sus secuaces lo llamaran traidor, volviendo a enterrarlo después de muerto. Ahora veo con esperanza que empiezan a sumarse otras voces a la mía, pero constato con tristeza que los líderes constitucionalistas catalanes siguen sin comprender el legado político de Tarradellas.

También en la urgente reforma de la Ley Electoral que es donde arrancan todos los males españoles como la contradicción de votos y escaños, y sobre todo en la necesidad inaplazable de fijar la circunscripción única para toda España con el fin de que el Congreso de los

Diputados quede libre del chantaje de cuatro o cinco votos nacionalistas que buscan la desmembración y el ventajismo territorial. ¿Será posible que no sepan esto Ciudadanos, PP, PSOE y Podemos? ¿O quizás lo saben, pero anteponen sus intereses partidistas?

La política debiera haber resuelto ya qué hacer el día después en que la justicia termine de actuar en Cataluña, basándose en la necesidad de reintegración constitucional y la reconciliación social de esta Cataluña dividida. En cualquier país europeo, ante mayúsculo problema, ya se habría formado una gran coalición. A PP y PSOE eso les parece imposible en España. Así nos va. Esos dos partidos políticos que son los llamados a formalizar pactos de Estado, deberían tener como prioritario este problema. Nada más lejos de su ánimo, aunque el barco se hunda.

Siguiendo la estela del barco que se hunde, y por si algún día España se convirtiera en el Titanic al chocar con el iceberg, en esta metáfora de hundimientos, acompañaré a la Orquesta del Titanic hasta lo más alto de la popa en la cubierta de botes. Cuando vayamos hundiéndonos hasta desaparecer, Wallace Hartley y su orquesta, interpretaran estas dos partituras que les entrego: El Intermedio de «Goyescas» del catalán Enrique Granados, y «Suspiros de España» del compositor cartagenero Antonio Álvarez. Ensayemos, por si acaso.

14 de abril de 2018

255

ALGUIEN VOLÓ SOBRE EL NIDO DEL CUCO

La novela de Kem Kesey convertida después en una de las mejores películas de la historia del cine por Milos Forman, Jack Nicholson y otros, es la mejor alegoría que tengo a mano para hablarles hoy de los nuevos Pactos de la Moncloa que ahora se quieren emular. Todo el simbolismo de ese psicodrama cinematográfico es el espejo paradigmático de la España de Babel actual donde, trasladándolo a la realidad, el manicomio sería España; Mc Murphy, el pueblo español; la malvada enfermera Ratched representaría a los partidos políticos ventajistas y sectarios; y el resto de personajes del reparto, tan variopinto, lo interpretaremos todos los españoles.

Intentan poner en marcha un Pacto similar al de la Transición basado en globos sonda que no suscitan el menor entusiasmo; con socios abiertamente desleales al orden constitucional sentados en una ampulosa Mesa de Reconstrucción Social. Es un quimérico despropósito sin un guion previo, ni objetivos, ni metodología, ni propuestas, pero sí con el propósito de meter en ese paquete gato por liebre. Es una locura e irresponsabilidad comparable a la actitud de la enfermera Ratched. En el peor momento de la crisis pandémica, si el intento fracasa, añadiría más angustias colectivas a las sufridas hoy por el pueblo español que sus hipotéticos beneficios. Sin señalar las líneas rojas infranqueables que impidan que en esa Mesa se propongan y acepten cambios constitucionales inasumibles, el desmembramiento de España, o avanzar en esa idea utópica de una República Federal de los Pueblos Ibéricos que solo conduciría a una traición histórica, y no a «relanzar y reconstruir la economía y el tejido social de nuestro país».

Estamos viviendo un momento de emergencia extrema que afecta a todos los españoles por igual, donde el único pacto que se necesita es el de afrontar colectivamente, sin otros añadidos políticos, los principales problemas reales como son el económico social, las desigualdades existentes, la pobreza, el trabajo y el sufrimiento de los más desfavorecidos. Es extemporáneo en esa fantasmal mesa propuesta, incorporar el diálogo sobre el conflicto catalán por la exigencia nacionalista de autodeterminación en sus dos versiones: la recalcitrante chulería de Torra y la sibilina de Ezquerra en sus continuos intentos por destruir la integridad territorial española. Con Podemos sumándose abiertamente desde el mismo gobierno del que forma parte a debilitar o menospreciar la figura del Jefe del Estado en su afán de implantar una República que aboliera la Monarquía parlamentaria constitucional vigente. En estos gravísimos momentos de crisis pandémica que vivimos, no habría nada más grotesco y vergonzoso que mientras la sociedad española, integrada por todo el entramado de profesionales básicos y voluntarios de todo tipo que nos emocionan con sus muestras de generosidad, solidaridad y sacrificio, jugándose la vida, algunos partidos estuvieran maniobrando para sacar provecho político en beneficio de sus proyectos sectarios.

Esa Mesa y Pedro Sánchez están bajo sospecha. De prosperar solo la mención de esas intenciones de Ezquerra y Bildu en el Pacto que se está empezando a urdir, sería la mayor estafa política, merecedora de la reprobación de la inmensa mayoría de los españoles, que señalarían a un único culpable como instigador. Y ese es el actual PSOE. Esta es una gravísima crisis sanitaria, económica y social pero también es una crisis política real. No una crisis artificial permanente como la alimentada machaconamente por los egoísmos territoriales de los nacionalistas catalanes y también por los vociferantes populistas de izquierda y derecha, admiradores de Maduro o Bolsonaro, cuyo regímenes querrían importar a España.

Ahora, cuando ese gran Titanic que es la economía global va directamente hacia el iceberg y ya se palpa el desastre que nos espera, puede ser que los nuevos Pactos de la Moncloa, con esos socios preferentes, nos dirijan a ese manicomio donde nos espera la estricta enfermera Ratched que primero nos dará sesiones de terapia de grupo, después terapia electroconvulsiva y por último puede que también seamos lobotomizados por una pretendida Agencia Única de Noticias bajo el exclusivo control de un gobierno disfrazado de enfermera Ratched.

En estos tiempos de confinamiento que estamos viviendo ahora, abatidos por el miedo, el aislamiento y el sombrío futuro que se avecina, solo existe una fórmula distinta como alternativa a esa indeseable Mesa propuesta por Sánchez para alcanzar un verdadero pacto de Reconstrucción nacional. Para evitar un guirigay bastaría con que PSOE y PP (me refiero a un PP centrista distinto al eco de VOX), los dos grandes partidos mayoritarios durante toda la historia democrática española, representativos de la izquierda y la derecha y con mayoría absoluta en el Congreso, asumieran el encargo de elaborar un proyecto de Pacto y después mejorarlo y aprobarlo en «una gran Coalición en la que estén todos los que suman una responsabilidad, un firme compromiso», con el objetivo de beneficiar el interés de todos los españoles sin condicionamientos territoriales, ni populismos de izquierdas y derechas.

Pedro Sánchez y el PSOE han empezado con el paso cambiado constituyendo una indeseada Mesa de Reconstrucción Social, inhabilitando de esa forma un proyecto tan trascendente como emular el espíritu de una nueva edición de los míticos Pactos de la Moncloa que tantos bienes reportaron. Miren la foto de ayer y la de hoy. El popurrí de votos minoritarios y la composición del Congreso de hoy, con este sistema D´Hont arbitrario e injusto, nada representativo de la voluntad mayoritaria del pueblo español.

Dicho queda y firmado. Me está pasando lo que a Saramago, que decía: «Cuanto más viejo, más libre me siento, y cuanto más libre, más radical». Solo por librarme del manicomio.

28 de abril de 2020

DIALOGAR

Allá por la década de los cincuenta del siglo pasado, el saludo habitual entre los que éramos jóvenes entonces, consistía en saludarnos con un buenos días, y el otro nos contestaba buenas tardes. Después llegaron Tip y Coll creando un humor hilarante basado en el encadenamiento de preguntas y respuestas inesperadas y disparatadas. Es lo que ocurre hoy en la política española que no tiene ni la pizca de gracia, comparado con aquello que empezó por llamarse «diálogo para besugos» y hoy practican los partidos políticos, basándose en el enfrentamiento de unos contra otros, olvidando el interés público. La política de hoy es un auténtico diálogo para besugos donde las propuestas y debates derivan de un tema a otro, enredándose en conceptos e ideas que no conducen a nada práctico y sin que ninguno de los dialogantes sepa quién es el culpable de tanto desatino.

Todo el género humorístico del diálogo para besugos lo inventó durante el franquismo más duro un genio desconocido en su tiempo, y no digamos ahora, al que nadie recuerda, llamado Armando Matías Guiu. Fue el creador y guionista de las inolvidables historietas «Diálogos para besugos» que se escenificaban en viñetas de la «13, Rue del percebe», del tebeo infantil DDT editado por Editorial Bruguera.

A Armando Matías Guiu lo tengo situado en la cúspide de mi admiración, ocupando el mismo peldaño que Miguel Mihura y Jardiel Poncela. La varita mágica de la fama le pasó de largo porque toda su obra quedó ubicada en guiones radiofónicos y las revistas satíricas e infantiles de la época. Además de humorista fue profeta. Lean lo que dijo en aquellos años duros sobre la política, comparada con la política de hoy. «La política es, a veces, como un diálogo para besugos. Nadie dice lo que piensa, pero ellos no piensan que uno piensa. En mi soledad mental pienso que el pienso es el mejor pensamiento. No sé qué pensar».

El PSOE de Pedro Sánchez flamea tras banderas de alta rentabilidad electoral: mantenerse en el poder a cualquier precio, orear los restos de Franco para que cunda el pánico, y alentar una farsa catalana a la que llama diálogo practicado a escondidas, cuando el verdadero diálogo y negociación política sólo es posible en el hemiciclo del Congreso, sobre todo cuando está en juego la soberanía nacional y la Constitución, con luz y taquígrafos.

Nos dice Iceta, el dialogador in pectore, que los socialistas «queremos una reforma constitucional». Ya está, creen ellos que están ungidos para hacerlo sin decirnos a la mayoría para qué y solo en pactos secretos con los independentistas. Pero Iceta va mucho más lejos. Dice: «En un diálogo, el éxito requiere varias cosas, entre otras no colocar como condición previa algo que sabes que la otra parte no te va a aceptar. El diálogo tiene riesgos, porque a veces tiene la connotación de cesión» (23/02/19). Está clarísimo, han estado negociando practicando un diálogo de besugos. En el teatrillo catalán socialistas e independentistas catalanes han simulado este diálogo: Vamos a dialogar sobre que vamos a dialogar, negociando cómo podríamos cambiar la Constitución. Algo así, como «la parte contratante de la primera parte, será considerada como la parte contratante de la segunda parte», de los míticos Hermanos Marx.

Es el PSOE quien ha roto con Ciudadanos y no al revés. Pedro Sánchez se erigió en dialogador exclusivo y a puerta cerrada con los independentistas, ignorando a los constitucionalistas y en lugar ajeno al Congreso de los Diputados. ¿Con quién hay que dialogar y sobre qué? ¿Con Torra y Colau, esos dos paletos que han intentado convertir el Congreso Mundial de Móviles en una corrala butifarrera? Los reiterados desprecios al Rey Felipe VI, y la actitud de ambos retirándole el uso de la palabra, ¿eso es tener voluntad de diálogo? No. Esa es la muestra más inequívoca de la inutilidad del pseudodiálogo practicado por el PSOE con el independentismo catalán.

Ahí están también todos los cabecillas, salvo el huido, protagonistas de la rebelión o sedición, —que para mí son delitos de parecida gravedad—, envalentonados y confirmando ante el mismísimo Tribunal Supremo, en juicio urbi et orbi, que no se bajarán del burro y tampoco se arrepentirán de sus tropelías. ¿Son esos también los interlocutores del PSOE en sus diálogos carcelarios? Es obvio que el guión inacabable del diálogo para besugos que escribiría el catalán de Barcelona Armando Matías Guiu, relatando la farsa del diálogo, sería memorable.

En medios independistas catalanes revelan que Sánchez tiene previsto reanudar el diálogo después del 28A, basado en el documento de Pedralbes, que no es otra cosa que la rendición del Estado ante las exigencias nacionalistas. Todo quedó en evidencia en la reunión del 28 de Diciembre de 2018, con el posterior comunicado conjunto donde Sánchez y Torra manifiestan «la necesidad de iniciar un diálogo político efectivo», sin condicionarlo de forma explícita a la preservación del marco constitucional.

Por si nadie piensa preguntarle al candidato Sánchez sobre estos asuntos, cuando dentro de unos días venga a Murcia, yo le dejo formuladas aquí estas cuestiones para que las aclare en su mitin murciano en búsqueda de votos. Sólo sería necesario contestar afirmativa o negativamente a estos dos puntos: si en caso de gobernar de nuevo reanudará el diálogo sobre el contenido del documento de Pedralbes, y cuál será su posición con relación a un posible indulto concedido a los líderes del procés, una vez que se produzca la sentencia firme del Tribunal Supremo.

También sería muy saludable que clausurara los viernes del euromillón, tan teatreros, en que ha convertido el Consejo de Ministros en funciones, derrochando a manos llenas el teórico dinero público a «tutiplén», como decía mi tía Marina. Entre mitin y mitin le vendría muy bien a Sánchez leer los diálogos platónicos. La lectura que no me atrevo a recomendarles es el «Diálogo de carmelitas» de Bernanos, no vaya a malinterpretarme viéndose montado en una carreta de bueyes, rodeado de monjas y entonando la letanía de todos los Santos camino del cadalso, adonde fueron llevadas por la incipiente République Française.

16 de marzo de 2019

SOBRE LAS IDEOLOGÍAS

Cuando escribo el adverbio antes, suelo referirme a la segunda mitad del siglo XX. Durante esa época la frontera entre las distintas ideologías políticas estaba muy definida, y cuando se decía comunista, falangista, socialista, liberal o demócrata cristiano, se definía con precisión el posicionamiento de cada cual. Esas convicciones y sentimientos las mantenían firmemente arraigadas quienes las profesaban con todas sus consecuencias y sin disimulos.

Avanzada la democracia las masas dejaron de creer en el comunismo, el falangismo y la democracia cristiana, entre otras ideologías que desaparecieron arrastradas por el gran huracán del tiempo, y el socialismo se transformó en el cajón de sastre que es hoy, donde todo cabe, desde el populismo hasta los nacionalismos. Y lo que es peor, porque ahora ha perdido la memoria histórica de su propio partido votando la «Ley de Abusos Policiales» junto a PNV, poniendo en la diana a los gobiernos socialistas de Felipe González. Sólo por intercambiar votos.

El comunismo español se autoinmoló en la Transición y buscó asentamiento dentro de un grupo coral de izquierdas, hasta llegar a su alta dignidad de hoy como monaguillo de amén en Podemos; tras la guerra civil, el falangismo devino en movimiento nacional hasta su colapso final; la democracia cristiana se esfumó hasta desaparecer, acompañada de corrupción y agnosticismo; y el PSOE olvidó el calificativo de obrero, e incluso el de español, que según, cómo y cuándo, utiliza o no, dependiendo de las exigencias del mercado independentista. Según mi análisis, esta metamorfosis de las ideologías a la que han llegado hoy los partidos políticos, es fruto de una vertiginosa evolución hacia su vaciedad, motivada por la falta de fe en su ideario que ha ido simplificándose hasta el extremo de que ya nadie cree en nada.

En los partidos políticos de hoy han muerto las ideologías y se han implantado la transversalidad y la mercadotecnia. Bajo una misma denominación conviven comunistas con populistas; socialistas con nacionalistas; conservadores con extrema derecha. Ciudadanos, Podemos y Vox son términos ambiguos propios de marcas comerciales y no tienen la rotundidad de siglas como, por ejemplo, las del Partido Comunista de España, que ya de entrada iban diciendo, «aquí estoy yo». Con esta ambigüedad patronímica se está anunciando un sucedáneo, no una organización ideológicamente precisa, y es así porque los partidos se articulan como mercadotecnia, y su programa electoral responde a las respuestas de encuestas recogiendo sugerencias de la opinión pública para hacer un menú al gusto de la clientela plural.

Hoy, las ideologías son innecesarias a los partidos porque la política española se construye con noticias falsas y la elección de realidad o apariencia. Gana la apariencia y no el afán de alcanzar resultados tangibles y consensuados. Esto era lo que recomendaba Maquiavelo al Príncipe, sugiriéndole el cultivo de lo aparente.

«Todos ven lo que pareces, pocos palpan lo que eres». La verdadera política no consiste en aparentar, ni repetir eslóganes y muletillas, sino que debiera basarse en activar voluntades pluralistas a través del consenso.

Decepcionados por la actuación de sus partidos, aumentan las deserciones de militantes frustrados con las siglas a las que estaban vinculados, pero rara vez abandonarán su ideología personal basada en la memoria histórica, la razón y el sentimiento, que se irán con ellos purificadas e idealizadas en su interior. Recuerden los versos de Ernesto Cardenal: «Bienaventurado el hombre que no sigue las consignas del partido, /ni asiste a sus mítines».

Han desaparecido de los partidos políticos aquellos ideólogos que antes iluminaban a los afiliados desvelándoles ideas, creencias y emociones comunes que debían postularse para transformar la realidad colectiva. Sólo abundan profesionales de la política que ponen los ojos en blanco exaltando esas siglas, pero olvidando ideologías. Nunca aflora una tenue llama de vocación, ni siquiera el esquema de su pensamiento. Los ideólogos de hoy son los tertulianos, parlanchines y desinhibidos que opinan y pontifican sobre todo lo que se les pone a tiro. Pocas veces las palabras y las ideas han valido menos que ahora.

El mundo bulle incesantemente anunciándonos una transformación global que está al llegar. Crecen las tecnologías y menguan las ideologías. Ante esa perspectiva, ¿tiene lógica la censura de un militante que pasa de una sigla a otra? ¿Acaso es dogma de fe la ficha de un partido? Azorín fue anarquista en su juventud, republicano durante la Republica, conservador durante su larga etapa política parlamentaria y adoptó una posición acomodaticia durante el franquismo. Todos esos vaivenes ideológicos pasaron, pero su talento literario e inmensa obra, refulgen con más fuerza cada día. Azorín mismo lo explica: «¡Nada es eterno, ¿para qué habrán servido nuestros afanes, nuestras luchas, nuestros entusiasmos, nuestros odios?» Y Unamuno, del que Giner de los Ríos dijo que fue «una fuerza espiritual de las mayores que esta pobre España tiene», estuvo contra todo. Contras los jesuitas, el Gobierno, el Rey, los profesores de Universidad, los caciques, contra esto, aquello y lo de más allá. Pidió la República y después la rechazó.

No hace mucho tiempo al intelectual se le exigía que pusiera su pluma al servicio del partido con el que sintonizaba. Ocurrió en España durante la segunda mitad del siglo pasado. Es entonces cuando José Bergamín, -el que creía que no se moría porque no tenía donde caerse muerto-, pronunció esta sentencia definitiva: «Con los comunistas hasta la muerte, pero ni un paso más». Algunos lo hacen ahora por un plato de judías con chorizo.

13 de abril de 2019

GUERRA Y HAMBRE

Ahora mismo, millones y millones de seres humanos huyen despavoridos del horror de la guerra, del hambre y la tiranía. Muchos de ellos intentando llegar a Europa morirán sin conseguirlo. Sólo eran personas que querían comer algo y vivir sin ser torturados, mutilados, encarcelados o asesinados.

Usted y yo vivimos en la sociedad del bienestar. No nos falta de nada, ni cívica, ni socialmente, y lo exigimos todo. Tenemos paz, sanidad pública avanzada, servicios sociales, seguridad, enseñanza de calidad, libertad y democracia y tantos otros bienes. Pocas veces reflexionamos sobre esto. No existe mayor crueldad humana que la nuestra, cuando teniendo tanto, —hablo de Europa entera—, cerramos las puertas a criaturas hambrientas, desesperadas, cansadas y desprotegidas, como vemos cada día. De vez en cuando al aparecer un niño ahogado, o cientos de ahogados, la difusión de esas imágenes, conmueven cada vez menos a las conciencias ciudadanas. Después de ese instante, caerá la cortina del silencio informativo y nadie se acordará de los que pasaban frío y hambre, se ahogaron en el mar o quedaron enredados en las alambradas de espino.

La comunicación globalizada tiene unas normas muy estrictas que sin saber quien la gobierna, establece lo que es noticia o lo que debe ser olvidado. Esto sucede con los inmigrantes. ¿Dónde están los millones de personas llegadas a Europa estos últimos años? ¿Siguen retenidos en campos de refugiados inhumanos todos los llegados de la guerra de los Balcanes, Afganistán y Libia? ¿Quién supervisa su situación en Turquía, Lampedusa o Lesbos, donde se les tiene retenidos y hacinados, sin rumbo, ni esperanza? Los medios de comunicación de todo el mundo los silencian, nada nos dicen de ellos aunque sigan ahogándose por miles otros nuevos, convirtiéndolos en seres socialmente invisibles que desaparecen sin dejar rastro.

Las alambradas de púas están de moda en Europa. Lo que nació en las praderas inmensas del Oeste americano para que los vaqueros tuviesen controlado al ganado, y más tarde provocaron la desaparición de la caballería como arma de guerra, finalmente sirvieron para que en los campos de exterminio nazis y soviéticos, murieran millones de personas. La Europa de hoy ha aprendido bien la utilidad de las alambradas de espino para su Europa sin fronteras. Es la solución europea. Estoy censurando la hipocresía de Europa y la burla del punto 14 de la Declaración Universal de Derechos Humanos, que dice: «En caso de persecución, toda persona tiene derecho a buscar asilo en cualquier país». ¿No sería más honesta su derogación?

Esta es la verdad. La Europa que con otros dirigentes fue capaz de derribar el Muro de Berlín, ahora construye alambradas de espino para impedir la entrada de seres humanos que emigran desesperadamente huyendo de sus países donde hay guerras y tiranía, porque si no mueren. Una de las señas de identidad del siglo XXI es el desbordante éxodo de seres humanos, sin comparación con cualquier otro período histórico, a causa de las guerras, el hambre y el cambio climático. Esta situación no remitirá en el futuro, muy al contrario, porque quienes tengan razones, medios y resistencia para venir a Europa, acabarán haciéndolo. Ni Europa, ni las grandes potencias, ni la ONU, son capaces de idear políticas, ni métodos, ni tienen voluntad para frenar ese flujo en los paupérrimos países de origen, que es donde debe resolverse. ¿Para qué sirve el artículo 2 del Tratado de la Unión Europea, declarando sus valores de respeto a la dignidad humana, derechos humanos, solidaridad, asilo y refugio?

¿A qué grado de inhumanidad ha llegado Europa en política de inmigración, siendo incapaz de fijar claramente cuáles son sus medios y compromisos para atender el flujo desesperado migratorio de refugiados, dejándolos abandonados a su suerte? ¿Qué les espera a esos seres humanos que llegaron huyendo de guerras, el hambre y la muerte?

Junto al lacerante problema que les estoy contando, desgraciadamente no traigo una chistera para sacar de ella una solución mágica a esta tragedia global, pero si tengo ideas claras en su análisis. Dos cosas hay en juego: la vida de los refugiados y el modo de vivir de los europeos. Nada más lejos de mi ánimo pensar que Europa debe ser un hotel con puertas abiertas y servicios ilimitados. Nunca habría infraestructuras suficientes, ni trabajo, ni dinero. Eso es una entelequia que pondría en peligro a todos los ciudadanos europeos. La solución debe ser global, con estrategias serias emanadas y coordinadas por Naciones Unidas en los países de origen.

Y la OTAN, ¿tampoco es capaz de acabar con el terrorista Boko Haram que durante años tiene en jaque a

África? ¿Ni con los mercados de esclavos en Libia donde se da martirio final a los que huyen? ¿Ni con las mafias que raptan a los niños, y trafican con órganos humanos? Si buscan culpables, ahí los tienen: Naciones Unidas, OTAN, Europa. Ineficaces para atacar en su base el problema de unos países enteros que se desintegran y donde sólo reina el caos, la amargura y la violencia.

Cientos de millones de personas no comen lo suficiente en un planeta que produce alimentos de sobra para todos y Naciones Unidas se desentiende. Parece una broma pero existe una súper producción de alimentos en un mundo donde falta comida, a la que llaman excedentes. Se convierten en combustibles a los que se les ha puesto el nuevo y ecológico nombre de biocombustibles. Sólo el agrocombustible que usan los coches estadounidenses alcanzaría para que todos los hambrientos del mundo recibieran medio kilo de maíz al día.

La raíz de todos los problemas está en la especulación automatizada de las materias primas. Para especular con el trigo y el maíz no hace falta tenerlos. Basta la pantalla de una supercomputadora para especular. Bueno pues todo esto que digo, le tiene sin cuidado a Naciones Unidas, OTAN y Europa. Que Dios nos pille confesados.

17 de febrero de 2018

ALEGATO POR LA JUVENTUD

Con el paso de los años todo lo ves más claro, no sueles equivocarte, e incluso, si te sigue hirviendo la sangre, adoptas un posicionamiento crítico muy severo, aunque sirva para bien poco dada tu irrelevancia actual. Hay asuntos que muy a mi pesar me quitan el sueño sin que pueda ayudar a remediarlos, porque estoy aparcado en el cuarto de los trastos viejos junto a otros muchos como yo, clasificados como inservibles por la edad, y que según Milan Kundera, van alcanzando tal levedad que se han vuelto más ligeros que el aire, hasta el punto de volverse insignificantes. Dos problemas me inquietan sobre los demás. Uno es Cataluña, cada vez más irreconocible, convertida en este engendro político actual parido por los independentistas, y el otro, la juventud española.

¿Han oído alguna palabra, han observado algún gesto, alguna medida política concreta emprendida por el Presidente del Gobierno Pedro Sánchez relacionada con la juventud? Permítanme que me centre en el problema de la juventud y deje el problema catalán tan cansino. Los jóvenes han sido las grandes víctimas de la crisis económica de estos últimos años, y también los más olvidados hoy por los gobiernos este y aquel. Sin embargo, sorprendentemente, los jóvenes han sido más proclives a la austeridad y la prudencia que a la algarada y la frivolidad. La paciencia y resignación que tiene la juventud ante la orfandad de medidas políticas por causa del desempleo crónico o tecnológico, ha rebasado con creces todos los límites y la raya roja. Alguien debería decirles cuándo llegará la hora en que puedan regresar del abismo. Cuándo podrán trabajar.

Olvidémonos de los clichés obsoletos que ubicaban a la juventud en el pasotismo y la atonía. La juventud de hoy es la mejor preparada de la reciente historia de España. Conozco casos heroicos de sacrificio, rigor y responsabilidad, protagonizados por muchos jóvenes y podría citarlos con nombres y apellidos.

Sin embargo, hay otros jóvenes que han optado por ejecer la política profesional renunciando a su formación y a cualquier otro intento de acceder a un puesto de trabajo como cualquier otro ciudadano. Quieren ser políticos profesionales toda su vida. No existen en ellos ideales, ni un compromiso valiente, ni tienen preparación intelectual o ideológica, pero sí actúan como servidores de dirigentes políticos, también profesionales, que para llegar a ese cargo, antes hicieron lo mismo. Escogieron ese otro camino de ficción, que siempre termina mal y en un instante.

Otros jóvenes valientes o altruistas por naturaleza, se van al extranjero o dedican su tiempo libre, que es todo, no a los partidos políticos, sino al compromiso personal de servicio a los demás sin recibir retribución económica alguna, reparando injusticias sin ser salvadores, cumpliendo honestamente sus funciones sin renunciar a su sueño de encontrar un trabajo que nunca llega, y si llega, será de mala calidad y de breve duración. Estos jóvenes en tiempo de espera desesperanzada, serán viejos a los 30 años si bajan los brazos ante esa adversidad y por eso se enrolan en varios proyectos, por pequeños que sean.

A todo esto un gobierno en minoría de solemnidad, ha derribado a otro sin respaldo explicito ciudadano en las urnas y gobierna con el apoyo entusiasta de independentistas demoledores del marco constitucional junto a otros radicales, sacando del alcanfor sus viejas cantinelas, sin que sepamos aún claramente a cambio de qué. Este gobierno aún no ha abordado ni un solo tema de los muchos que inquietan verdaderamente a los ciudadanos, ni mucho menos el de las inaplazables políticas de empleo, inyectándole más recursos y sobre todo recortando la escandalosa sangría del dinero público malgastado en banalidades políticas, en duplicidad de administraciones, en tarjetas black para prostíbulos y otras frivolidades.

La gravedad de estos problemas no ha merecido que, entre el rosario de nuevos ministerios creados ahora, exista uno específico o que mencione a la Juventud, para atender cuanto estoy denunciando. Hay un Ministerio que prima las Migraciones, antes que la Seguridad Social; otro de Transición Ecológica; pero ni por esbozo han caído en la necesidad de crear un Ministerio de la Automatización Robótica. El principio clásico de que todos tenemos derecho al pleno empleo, aún en tiempos de la revolución digital, sólo se puede abordar priorizando esta idea. El elevado desempleo, sobre todo en la juventud, sigue aumentando la desigualdad, mientras que la globalización continua avanzando y la revolución digital está haciendo el resto.

El declive acelerado de los puestos de trabajo y la aceleración de la automatización, apuntan a que en breve plazo deberá implantarse una renta básica mínima como futuro del Estado del bienestar, sin que este gobierno socialista caiga en esto, priorizando solamente la bilateralidad con Puigdemont, el Concordato y los huesos de Franco. Sin embargo, para lo que se avecina, es imprescindible la ingente reordenación del gasto público, la dotación de fondos suficientes, unos nuevos tipos impositivos y nuevo IVA para financiar ese novísimo sistema que hay que implantar. Todo esto ni se lo plantean.

A los jóvenes de hoy les ha tocado vivir en un mundo sin trabajadores humanos, donde los robots administran ya la economía digital. Algunos países avanzados experimentan con humanos que reciben la renta básica y están aprendiendo a vivir sin trabajar. Lo que sí es cierto es que a este gobierno socialista no le importa ni la juventud, ni se entera de que la automatización está marcando el fin del trabajo físico que es confiado a la máquina. Lo que era una utopía ya está aquí, el gobierno se pone de perfil y su inacción política será la culpable, por imprevisión, de no haber derivado las inmensas ganancias de la automatización, hacia la protección de los trabajadores desplazados por esa robotización.

21 de julio de 2018

OCLOCRACIA

Es muy probable que muchos lectores de este artículo mío de hoy lean por vez primera la palabra oclocracia. Es un término griego que me ha explicado muy bien mi nieta Aurorita, magnífica profesora de Instituto, precisamente de latín y griego. Perdónenme, pero no tengo otra palabra más fácil que sustituya a esta por otra, tan difícil de decir y comprender.

Medito en voz alta. La política dominante que se practica hoy en España, —que es la peor de todas las posibles—, es la que se fundamenta en los principios de la oclocracia. Así es como se denomina desde Aristóteles, cuando la definió diciendo: «Cuánto más democrática se vuelve una democracia, más tiende a ser gobernada por la plebe o muchedumbre degenerando en oclocracia». 200 años a.C., Polibio, describió la oclocracia como una de las tres formas específicas en que degenera la democracia por sus prácticas demagógicas y populistas, cuando las decisiones las asume la muchedumbre.

La degeneración de la democracia que estamos viviendo hoy en España es la basada en esas prácticas, prometiendo lo imposible a los electores, a los que Podemos llama «gente» (multitud, muchedumbre), para alzarse con el poder. Podemos, en manos hoy de dirigentes radicales, más agitadores que profesores universitarios, se apropiaron de una eclosión cívica tan justa e ilusionante como fue el 15M, cuyo nacimiento aplaudí y celebré, para convertirse después en un movimiento marxista revolucionario. Aquellos nuevos aires de renovación se evaporaron y hoy sólo sirven para desarrollar una política oclócrata, en el sentido más estricto.

Afortunadamente ya se les cayó la careta con que se disfrazaban y sabemos que su objetivo es otro: dinamitar la legalidad, apoyar al independentismo, fagocitar al PSOE, —como ya han hecho con IU—, atacar a los símbolos constitucionales y desmantelar España, precisamente ahora, cuando más frágil está el Estado democrático. En el populismo y demagogia del Podemos de hoy se condensa la esencia de la oclocracia española. ¿Dónde están sus iniciativas y las alternativas de progreso, y cómo las implantarán?

Si la oclocracia es el gobierno de la plebe o multitud, según Aristóteles, Platón y tantos otros filósofos a lo largo de la historia y a la que posteriormente Ortega llamaba masa o muchedumbre, y los de Podemos le llaman gente, siendo una fórmula detestable y degenerativa de la democracia por su populismo y manejo de los sentimientos y emociones irracionales. La CUP es la oclocracia en sentido puro. La CUP lo contiene todo: partido asambleario, violencia, antisistema, independentismo, posicionamiento radical y otras características que definen su populismo de intolerancia y agresividad. Son los que mandan de verdad en Cataluña hoy, y deciden con sus votos la furia independentista que sufrimos.

La CUP mantiene a Puigdemont en el escaparate con Mas y los restos de la antigua CIU. Ambos encarnan unidos un sistema mucho peor que la oclocracia y es lo que impera hoy en Cataluña: la kakistocracia. Este neologismo griego que viene de káskitos (más malo o peor), y krátos (gobierno), se convierte en el gobierno de los peores. La Candidatura de Unidad Popular (CUP), es quien mantiene a Puigdemont, marcando el ritmo de descomposición de la convivencia de la sociedad catalana, en connivencia con los independentistas de Mas y sus mariachis. Gobiernan ambos altamente ensoberbecidos perturbando y despreciando los principios de respeto a la democracia y la legalidad, riéndose de la Constitución y todas las leyes democráticas.

Sin Felipe González ni Alfonso Guerra, el PSOE continuaría anclado en el marxismo añejo y dogmático del pasado, y no habríamos tenido los años de modernidad y progreso que ha vivido España. Ahora, desde Zapatero, y con la concatenación de errores protagonizados por Pedro Sánchez, el PSOE se ha quedado en nada, y peleados unos con otros, están a punto de zozobrar, obsesionados por frenar a Podemos, pareciéndose a ellos cada día más en propuestas populistas o queriendo ser más radicales que ellos o recurriendo a que la militancia diga que hay que hacer, aplicando la oclocracia asamblearia manipulada por el aparato, e invalidando los órganos democráticos establecidos por los Congresos para la toma de decisiones, como está pasando hoy con la insistencia de celebración de primarias, —dónde nunca gana el más competente y válido—, y el uso ordinario del pronunciamiento de la militancia en cualquier tema. El PSOE ha olvidado su legado histórico y ha renunciado de esa ideología que fue tan progresista y pactista en beneficio verdadero de España, y no de unos pocos mediocres y ambiciosos. Sueñan hoy con la oclocracia, con el gobierno de la muchedumbre, pero incapaces de presentar una alternativa coherente y una propuesta clara de articulación territorial.

Ahora, la guinda oclocrática. PAS, el actual inquilino de San Esteban, para no ser menos, también se ha convertido en un fervoroso catecúmeno oclócrata. Le ha pedido a la Unión Europea que habilite canales de participación para alcanzar la adhesión social y todos los ciudadanos europeos indiquen en qué quieren que se gaste su dinero, teniendo en cuenta su petición a la hora de confeccionar los Presupuestos comunitarios, «tal y como él ha hecho en la Región de Murcia». Hasta aquí suenan las carcajadas del presidente de la Comisión Europea Juncker y de su Comisario Económico Moscovici. Es como si lo hubieran visto embutido en su traje de neopreno haciendo submarinismo fotográfico.

Del PP mejor no hablar. ¿Para qué? Eso es otra cosa. Arrastrándose por los tribunales, sin regenerarse, ni acto de contrición alguno, sin renovación y con un líder incapaz de unir voluntades y sumar un solo voto distinto a los suyos. Pero «eso es otra historia», que es la frase con que concluye en un bistrot parisien la película «Irma la dulce».

29 de octubre de 2016

LA MOCIÓN Y LA VACUNA

Los políticos cuando ven peligrar el puesto que ocupan, optan por el silencio y la invisibilidad. Así no se les oye ni se les ve durante largas temporadas. El miedo a significarse puede con ellos cuando intuyen el peligro del cese en el cargo o su nominación en las listas. Si son requeridos, siempre remitirán al periodista a lo que diga el Partido. De esa forma diputados, senadores o concejales reniegan de su condición esencial de parlamentarios o gestores públicos. Otras veces, las más frecuentes, preferirán lanzar sus improperios e invectivas de unos contra otros, o magnificar sus propias frustraciones que solo afectan a ellos mismos. Pero rara vez se jugarán el tipo, ni aportarán iniciativas positivas que mejoren la vida colectiva si su partido dice lo contrario.

Lo peor ocurrirá cuando el ciudadano transmuta su desánimo en sentimiento de miedo al futuro, como sucede en la España de hoy. Ese miedo germina cuando constatan fehacientemente el peligro y la desconfianza que suscita la conducta de los políticos en la vida pública. Sucede cuando escuchan sus alegatos lanzados de unos a otros. Cuando los ven enloquecidos y fuera de control en la tribuna, vociferando injurias o calumnias con toda impunidad. Cuando comprueban que anteponen sus odios y ambiciones personales, construidos dialécticamente sobre el cinismo y la hipocresía, contrarios al bien común y a la verdad.

Todo esto es lo que ha ocurrido al escenificarse en la Región de Murcia la fraudulenta y tabernaria moción de censura, auspiciada por una candidata felina lanzada a la caza de una presa femenina viva de su misma camada para alcanzar el poder por la puerta de atrás. Ese es el señuelo presentado como suyo por un PSOE desconocido y desnortado que también ha corrido detrás de sus demonios ancestrales, dispuesto a aceptar todas sus exigencias, según han declarado los «terribles» tránsfugas ultraderechistas. Una obscenidad difícil de superar.

La urgencia de esta moción de censura se fundamentaba en denunciar longevas corrupciones de los gobiernos anteriores del PP, que no son achacables al actual, al que no se le conoce ninguna tropelía tan grave que le haga merecedor del desalojo forzoso. El PSOE no mostró esa musculatura con los gobiernos murcianos del PP de antes viendo crecer aeropuertos, desaladoras, burbujas inmobiliarias y la ruina económica eterna que nos dejaron. Ahora han ido a lo suyo «estirando el chicle» para intentar conquistar el poder a cualquier precio mientras los ciudadanos viven angustiados con la falta de vacunas que no llegan. Las personas mayores, que son las olvidadas sin consideraciones sobre su riesgo vital, son postergadas por otros colectivos por criterios políticos, siendo los más indefensos. Unas veces vacunan a los monseñores, políticos con poder, funcionarios «a porrillo», sindicalistas y hasta a los mecánicos de Zardoya Otis. Ese es el balance político.

Toda la avalancha de mociones de censura en España ha sido un plan maquiavélico tramado desde el Gobierno, volcando todo el poder del Estado contra la estabilidad de las Comunidades Autónomas que no gobiernan ellos. Una auténtica convulsión en toda la geografía patria, que ha implosionado como bomba de relojería dejando solamente muertos políticos, sobre todo en Ciudadanos. Díganme si esta operación no es merecedora de una Comisión de investigación que esclarezca el grado de participación en este seísmo fraguado desde la Moncloa y ejecutado dentro de las dependencias de las Delegaciones del Gobierno bajo la supervisión del Ministro Ábalos, actuando como activista político de su Partido.

Cuando se acusa de corrupción debe contarse toda la verdad. La única página negra que a mi juicio tuvo la Transición, quizá sea precisamente la del nacimiento de la corrupción política y económica que protagonizaron por igual PSOE y PP, con un monaguillo llamado CIU. Ahí nacieron la cal viva, Luis Roldán, los ERES andaluces, la Caja B del PP, Bárcenas, el 3% de CIU y los bolsillos llenos de cientos y cientos de golfos. Ahí están resumidos algunos de los males de la España democrática actual, incluyendo también las tropelías financieras y amatorias del Rey Emérito.

Ese es el gran Watergate español causante de toda la corrupción y los desmanes, aún por sentenciar. Y todo empezó por la financiación ilegal de los Partidos Políticos. Pero falta aún el arrepentimiento político y la asunción de culpa de todos los Partidos Políticos e Instituciones implicadas, que han causado tanto daño al sistema democrático y a España. Sin embargo, prefieren las cortinas de humo o esconder la cabeza bajo el ala protagonizando otras actuaciones hipócritas y vergonzantes. Por ética y la dignidad humana y colectiva la regeneración del sistema democrático ya es inaplazable.

Lo más grave de la provocada cadena sincronizada de mociones de censura, es que haya sido urdida desde el poder y secundada por partidos políticos, sirviéndose de tránsfugas en la creencia de que la democracia es tener un voto más. Sin embargo, la democracia solo es el respeto al otro a través de un conjunto de normas que regulan las relaciones establecidas previamente entre todos y que unos y otros se saltan o manipulan actuando con la mayor hipocresía.

Lo que no perdonarán los mayores de ochenta años, es que hayan culminado su impostura de ahora olvidando a los miles de muertos de la pandemia; a los que están en los hospitales con grandísimos sufrimientos; a los que viven angustiados en espera de una vacuna que nunca llega siendo potencialmente los que corren más riesgos; concediendo prioridad a colectivos artificiales y genéricos; olvidando al ser humano, que es uno e irrepetible con sus patologías y características singulares. Aún hoy, cuando ya se ha vacunado más del 4% de la población española, no han terminado de vacunar a la mitad de los mayores de 80 años, muchos con graves patologías.

En vez de dar prioridad a historiales clínicos de los que tienen abundantes datos en sus sistemas informáticos, bastándoles con apretar un botón, lo han dejado todo en manos de los «simones» y las celadoras telefónicas de los Centros de Salud que son las que recomiendan a los viejos paciencia, amonestándolos para que no se pongan nerviosos y esperen a ser llamados. Comparando moción y vacuna es cuando conoceremos verdaderamente a los falsos profetas. «Por sus obras los conoceréis». Sin disfraz.

27 de marzo de 2021

CAZA DE BRUJAS

En mi último libro titulado «Breviario de Supervivencia» hay un capítulo titulado «Buscando el paradigma» con referencia explícita a Don Santiago Ramón y Cajal, el más destacado integrante de la «Generación de sabios españoles». Ahí lo defino como el modelo ideal a seguir para cuantos tenemos una edad avanzada, que es el argumento vertebral del libro, destacando su compromiso y sentido ético de la vida y, sobre todo, su irrenunciable afán de estar activo muy avanzados los ochenta años. Este Gobierno de Pedro Sánchez que es lo más parecido a la casa de «Tócame, Roque» —la castiza corrala madrileña del siglo XIX—, es donde reina el despropósito y la confusión con disposiciones que hoy dicen blanco, mañana negro, e impera el caos y el cambio permanente de criterios y disposiciones ministeriales o acuerdos del Consejo de ministros e incluso Leyes de gran calado. Ahora quieren borrar también el nombre de Santiago Ramón y Cajal tachándolo y censurándolo bajo la cobertura de memoria histórica.

La Ley de Memoria Histórica que nació con un fin muy noble como instrumento de defensa de los que padecieron persecución o violencia durante la Guerra Civil y la Dictadura, este Gobierno de Pedro Sánchez la viene utilizando ahora como una ley propia del macartismo más radical, demagógico y despótico, con un perfil de auténtico cesarismo ideológico, sin aspirar a tener el más mínimo consenso del resto de los partidos políticos no integrados en su grupo de apoyo en el Parlamento.

Parece increíble que a estas alturas haya vuelto otra vez la caza de brujas, dejando en mantillas al senador Mc. Carthy. Hace años, el macartismo norteamericano retiró la presunción de inocencia e implantó la presunción de culpabilidad aplicable a todos los sospechosos de filiación o cercanía al comunismo, pero aun así, todos los expedientados debieron comparecer para su defensa ante el Comité del Senado de los EEUU. Aquí, en la España de ahora, no es así. Basta solo un informe partidario del profesor Viñas, siendo suficiente para mandar a los infiernos a Juan de la Cierva, Menéndez Pidal, Ramón y Cajal y tantos otros por profesar una ideología cercana a las derechas.

Lo que pretenden hacer es muy gordo. Están resucitando la «Damnatio memoriae» romana, que era la condena que efectuaba el Senado Romano contra los enemigos del Estado, borrando sus nombres y su memoria. Pues miren ustedes, aquí estoy yo proclamando otra institución: la del Apoteosis de Don Santiago.

El desprecio, la ignorancia y el trato que le están dando al bueno de Don Santiago es la gota que ha rebasado el vaso de la cretinez de todos los que están administrando la Ley de Memoria Histórica, a la que están desprestigiando y prostituyendo ideológicamente.

La descalificación del cabeza de la «Generación de sabios» es la escenificación de la caza de brujas que estamos viviendo. Lo peor no es solo eso, porque este Gobierno de Pedro Sánchez es como un gran iceberg que navega descontrolado a la deriva y hasta ahora solo vemos la parte que emerge sobre las aguas. Lo malo es que la dimensión de ese iceberg sumergido que ocultan las aguas, y aún está por emerger, no es de extrañar que termine en plantearnos un cambio de modelo de Estado.

A Don Santiago Ramón y Cajal lo defino en mi libro «Breviario de Supervivencia» como modelo ideal del hombre a imitar. Es el paradigma que necesitamos. Me quedé corto. Hoy, si tuviera que volver a calificarlo, proclamaría a Don Santiago como Santo Patrón laico de todos nosotros, los supervivientes.

19 de junio de 2021

EL BOTELLÓN

La llegada salvaje del Covid que parecía que iba a ocasionarnos un aislamiento transitorio, ha venido para quedarse, reafirmándose con el nacimiento diario de novísimas variantes del virus llegadas desde lugares próximos o remotos en cuestión de días o meses, ampliando su naturaleza de pandemia globalizada.

Todo ha cambiado incluso para los vacunados, siempre pendientes del sutil hilo contagioso. Ahora somos otros seres aislados y aburridos, sin planes que compartir y andamos racionándoles las caricias hasta a nuestros hijos y nietos. Ya no recordamos siquiera cómo gozábamos con las fluidas relaciones sociales de antes; la alegría desbordante de las barras de los bares; ni siquiera con la cercanía física del otro paseando por la calle y abrazándolo; o simplemente sentándose en la butaca de al lado, codo con codo. Ya ni siquiera somos capaces de reconocernos nosotros mismos en esta frígida relación social vigente.

Ahora tenemos nuevas reglas por las que regirnos que tampoco son estables, gestionadas según el color de cada Autonomía. El individualismo se ha asentado entre nosotros y vivimos asediados por nuestra propia soledad, más solitaria que nunca. Las consecuencias de todos estos sucesos negativos que padecemos hoy están fijando en nosotros otra nueva personalidad colectiva, entristecida y tenebrosa, que nada tiene que ver con la idiosincrasia clásica del español de antes del Covid. Aderezando todo eso descubriremos las causas que nos ha traído la pérdida de la alegría de vivir de ahora y que antes era la seña de identidad española de las últimas generaciones. Ahora lo que impera es el pesimismo, el miedo y la inseguridad, no la alegría de vivir.

Es evidente que de todas estas secuelas no saldremos fácilmente, ni se nos devolverá el tiempo que nos ha robado, pero sí nos han enseñado abruptamente la evidencia de la fragilidad humana. A los jóvenes y a los mayores. Los mayores han descubierto su irreparable decadencia corporal al andar por la calle con su marginación del mundo y el tiempo entronizado en su soledad individual. Lo de los jóvenes es más dramático aún. Sobre todo la de los treintañeros que vagan a la espera de nada.

¿Alguna vez ha oído usted a Pedro Sánchez y a «sus mariachis», hablar o hacer algo concreto por la juventud? Aparte de sus mesas de diálogo con los independentistas; el esterilizado afán diario de debilitar al Rey por miembros del Gobierno; la desgobernada y débil gobernanza sociocomunista, ¿cuándo afrontarán el problema de los jóvenes, la destrucción masiva de puestos de trabajo causada por las nuevas tecnologías de robotización, la precariedad laboral o los bajos salarios que les esperan a los afortunados que encuentren uno? La planificación del Ministro de Universidades define las verdaderas inquietudes de este Gobierno relacionadas con la formación universitaria, despreciando a la memoria y propugnando la búsqueda en Internet. Eso dicen. El «¡que inventen ellos!», ha resucitado. Adiós a la inteligencia, al esfuerzo investigador común y también al «Alma Mater floreat/ quae nos educavit» del Gaudeamus.

Todo es un puro disparate y los jóvenes que por naturaleza y definición son ollas a presión andantes con su pura vitalidad y ganas de vivir, en vez de convertirse en feroces anarquistas incendiarios, optaron por inventar el botellón colectivo que les suministra una efímera evasión de la realidad en que viven, reconociéndose unos a otros con una botella en la mano, sin odios ni pistolas. Solo calimocho, o cualquier otro brebaje etílico.

El botellón es un fenómeno global, con matices diferenciados en cada país. Botellones pacíficos, si no se les hostiga, como el organizado por el Ayuntamiento de Granada al que asistieron más de 30000 personas. O botellones beligerantes y violentos como en el País Vaco y Cataluña. El ansia de vivir y el minúsculo deseo y sensación de la alegría de vivir sin respuesta alguna a su angustia, mitigando la falta de empleo y hasta la desesperanza de su futuro, bien merece un botellón. Ojalá pudiera acompañarlos. A mí el botellón me parece un inocente y saludable paliativo, siempre y cuando se excluyan a los violentos agresores de agentes públicos, que cada uno recoja sus residuos y que no se moleste a los demás, cumpliendo las normas sanitarias exigidas.

Agradezcamos a los jóvenes el invento del botellón, inocente y casi franciscano, que oculta tantas frustraciones tragedias y carencias. Aunque bien visto, Pedro Sánchez, el triunfador que ha hecho un PSOE a su medida, tiene la posibilidad real de transformar los botellones en algo grandioso y sublime. Debiera convertirlos en el Gordo del Botellón, de indudable utilidad pública, con muchos más premios que el Gordo de Navidad, sorteando entre todos los asistentes los miles de puestos de libre designación que dependen solo de su voluntad. Multitud de Asesores de Presidencia, Ministerios, cargos de relevancia en Entes Públicos, Consejos de Administración, Empresas Públicas del SEPI, Consejeros de Bancos, Patronatos, Entes y otros. Sueldos «doscientos-mileuristas» a repartir solo entre señalados militantes y corifeos del PSOE. También lo hacía Rajoy, pero lo de Pedro Sánchez es de nota. Tanto que, si implantara este justísimo sistema distributivo, merecería ser nombrado Rey del Botellón.

19 de septiembre de 2021

LOS VIEJOS FANTASMAS

De no reconducirse la política española de confrontación, donde reina la incertidumbre y el salvaje enconamiento de unos contra otros como estrategia del enfrentamiento permanente de la sociedad y los territorios, resucitarán los viejos fantasmas cainitas del pasado. Ese empeño obsesivo de demoler la Monarquía parlamentaria para implantar una República dinamitando así toda la actual arquitectura del Estado, no responde a demanda alguna del pueblo español, ni tampoco vislumbramos qué otros beneficios o valores que no tengamos hoy, quieren implantar. Todas las maniobras conspiratorias que están urdiendo solo tienen que ver con su afán de destruir la idea de España.

Es un proyecto aventurero alentado por un colectivo formado por partidos políticos marxistas, independentistas de siempre y colectivos radicalizados, con el manejo de un PSOE errático que ha renunciado a su noble vocación de liderar el Estado de bienestar, para dedicarse hoy al fomento del desguazamiento del Estado, con este invento suyo del «monopoly federal» como un juego, sin evaluar el alcance nefasto de esa conspiración.

No tenemos ni idea de lo que se está fraguando en secreto con tantos pasteleos políticos fuera del hemiciclo del Congreso de los Diputados, pero sí se percibe con claridad el desprecio de la ciudadanía hacia la izquierda y la derecha política, por su actuación tan opuesta al espíritu de la Transición. Es verdad que ese espíritu murió con la desaparición del bipartidismo, porque ahora llegan Ministras indocumentadas y sin experiencia alguna directamente a ese cargo; políticos vocingleros y la dispersión de votos que hacen imposible la gobernanza de España. Casi todos nos equivocamos, y yo el primero, cuando aplaudimos alborozados el fin del bipartidismo como forma de regeneración democrática y final de la corrupción política. Fue un error porque el bipartidismo es un sistema ideal para gobernar sin el chantaje de nacionalistas e independentistas.

Es vital el consenso de PP y PSOE para modificar la Ley Electoral, antes incluso que la reforma del Poder Judicial. Hasta que no existan la circunscripción y listas únicas con la fijación del mínimo del 5% de los votos emitidos, todo irá a peor. Así lo defendí en alguna ocasión ante los Presidentes del Constitucional, Supremo y Audiencia Nacional, donde el juez Abadía fue testigo excepcional. Ese es el nudo gordiano de todos nuestros males: la Ley Electoral.

Con estos mimbres políticos sería imposible afrontar otra Transición, ni una nueva Constitución. Sin el centroderecha del PP ni el centroizquierda del PSOE nada puede hacerse, pero, además, faltarían los vencedores y los vencidos de entonces; autonomistas y soberanistas vascos y catalanes; aquella mayoría pluralista y moderada del centrismo; la dignidad y valentía del PCE liderado por Santiago Carrillo renunciando a Bandera y República por la Reconciliación Nacional y diciendo que «la opción hoy no está entre Monarquía y República, sino entre dictadura o democracia». Todos coincidieron en renunciar a celebrar un Referéndum sobre Monarquía o República. Lo contrario de lo que están tramando ahora políticos que deterioran a la propia democracia con sus aberraciones. Dios nos libre de los proyectos republicanos del guerrero del antifaz del PSOE; de los desleales independentistas republicanos y separatistas catalanes; de las sórdidas ideas del entramado marxista que anhela convertir España en otra República venezolana o nicaragüense. Quieren destruir la Monarquía parlamentaria que ha dado el periodo de mayor paz y prosperidad manteniendo la unidad de España y el sistema autonómico. Ese es su diabólico objetivo.

Lo más trágico es que no tengamos ni una sola voz capaz de aglutinar la abrumadora voluntad del pueblo español. Esos políticos desaparecerán en cuatro días, pero el daño causado tardará en cicatrizar. No tenemos la suerte de los italianos encontrando un Mario Draghi que desplace a tanta irrelevancia. Si el pasado nunca acaba de pasar, según William Faulkner, aún permanecerían los bienes que aportaron las voces de la Transición. Sobre todo la de Josep Tarradellas, que traigo aquí como final. Tarradellas fue otra cosa diferente a esta política de prostíbulo que se practica hoy. Es más. El Tarradellas que yo conocí, es hoy el símbolo de la legitimidad histórica de la Generalitat, y el que definió cómo debiera ser el modelo de una España autonómica y democrática que los demás han prostituido desde su muerte. Con su firma y dedicatoria me regaló la copia de sus papeles sobre las negociaciones Estado-Generalitat, que yo a su vez doné a la biblioteca del Congreso de los Diputados.

En declaraciones recientes, el hispanista Paul Preston mantiene que» en España se está volviendo a una retórica que es casi la de la Guerra Civil «. Si se agrava este panorama político, España vivirá con el alma en vilo por si a algún loco, como el de los viejos fantasmas históricos, se le ocurriera prender la mecha de la dinamita.

30 de octubre de 2021

EL HEDOR

Acabo de salir de dos UCI encadenadas: la de la Arrixaca y La Vega, y ya estoy en Planta. El peligro ha pasado. Han vencido los grandísimos profesionales de la Salud; las avanzadas tecnologías clínicas digitales de las que disponen, y por la inmensa suerte de haber nacido en España, ese gran país que desde hace muchos años dispone de todo eso y que le habría sido imposible alcanzar por sus propios medios a aquellos territorios españoles cuyas ideas vertebrales basculan desde el odio a España, hasta alcanzar su independencia; entre Arreskus y Txapelas, o «parlar en catalá, res en espanyol».

En esta encrucijada mía, Marco Aurelio me ordena que active el «animus vivendi», que no es otro que escribir este artículo de ocasión. César González Ruano escribía sus columnas diarias del ABC sobre un velador del Café Ibiza. El cerillero, en función de secretario, le lleva papel y dice: «Si llaman del ABC, ¿a qué hora le decimos que manden al motorista? Responde: «Dígales que a partir de la una, que ya estaré escrito.» Yo que no tengo la fluidez de César, tardaré varios días en entregárselo a Víctor Rodríguez, mi editor.

España está viviendo su «noche oscura del alma». Una pestilencia que impregna súbitamente a los ciudadanos con un hedor insufrible. Ese hedor que exhala el PSOE proviene de la descomposición de las sustancias orgánicas genuinas de lo que antes fueron sus claros y memorables principios, ahora en desuso. El PSOE ha sustituido los principios por el pasteleo; compra o permuta el voto por lo que sea; mantienen una agenda secreta con los nacionalistas; se asocian, sin más, con Bildu. Todos los principios auspiciados por el PSOE de entonces quieren arriarlos del bastión de la reconciliación que trajo el antiguo PSOE; sacan a pasear la momia de Franco, practican la confrontación pronunciando arengas diarias, y exhiben verborreas de entretenimiento que no de gestión. Los Guardias Civiles y la Policía del Estado, humillada y mal pagada, manifestándose en las calles, como los metalúrgicos de Cádiz o el sector lácteo gallego. Mas la falta de firmeza del propio Gobierno de España para defender las decisiones de la Justicia, haciendo cumplir la ley. El Tribunal Supremo dicta sentencia firme obligando a la Generalitat para que implante un mínimo del 25% de las clases en español y públicamente rechazan lo ordenado en flagrante desacato. ¿Les llega el hedor? El Gobierno español, en manos de los socialistas, se oculta, calla y se somete.

Con tantas dejaciones y el abandono de sus principios, el hedor nauseabundo que destila el Gobierno socialista actual es la antítesis de los añorados Gobiernos de Felipe González que, desde la modélica Transición, emanaban profusamente sublimes fragancias de perfumes legendarios repletos de acciones, transformaciones y obras que cambiaron a España de arriba abajo. «Ya no la conoce ni la madre que la parió» (dixit). Los votos no eran solo socialistas, sino millones de españoles que dieron Gobiernos de mayorías absolutas y nos trajeron tiempos muy fructíferos e ilusionantes. Llego el AVE, la EXPO de Sevilla, la rehabilitación y enriquecimiento de todos los teatros españoles, la explosión de la Cultura en todas sus manifestaciones, la poderosa integración en Europa, el nacimiento de una Red de Autopistas y Autovías que vertebraron a toda España, y muchas cosas más.

El hedor y el perfume son las metáforas recurrentes que me han servido para describir el paradigma de la tragedia española que vivimos hoy, haciendo un retrato fidedigno basado en verdades como puños, de lo que fue y es hoy el PSOE. Es este, por tanto, un análisis de la España de hoy y de los Gobiernos socialistas de ayer y hoy. El perfume de ayer y el hedor de hoy. De modo que ya han descubierto que, en el fondo, la novela de Patrick Süskind ha convertido a «El perfume» en la obra inspiradora de este análisis político, tan real y verdadero como la vida misma.

Grenouille, el perfumista, se extralimitó con sus excesos hasta que consiguió la quintaesencia del perfume total y definitivo. El Grenouille político de hoy, no se sabe por qué deshace lo urdido y deshila todo lo hecho con tanto esfuerzo y generosidad por el bien de todos los españoles; desmoraliza a las Fuerzas de Seguridad del Estado pagándoles menos que a la Ertzaintza o Mossos d´Escuadra; ningunea a la Justicia para someterse a los independentistas; debilita cada día más al idioma español, perseguido por los nacionalistas catalanes y vascos; reparte los presupuestos como si la finca fuera suya, quitándoselo a unos para llenar la faltriquera de otros, a cambio de un voto. No fabrica ningún perfume, sino que expande con un poderoso exhalador los hedores suministrados por ER, Bildu, los socios del Gobierno marxistas o mediopensionistas y otros de variopinta naturaleza, que lubrifican con su odio visceral antiespañol los hedores que propagan por los cielos de España, tan limpios y claros antes, donde yo escuchaba las sublimes notas del Intermedio de Goyescas, del catalán Enrique Granados.

4 de diciembre de 2021

ESTA ESPAÑA NUESTRA

Peldaño a peldaño vamos bajando la escalera de la decadencia de forma acelerada y al final nos espera un horizonte incierto y desesperanzado. Eso es lo que buscan con tanto ahínco los secesionistas catalanes y quienes los arropan. El Estado de las autonomías ha devenido en el Estado de las desigualdades donde priman la insolidaridad y exigencias territoriales. En esta España nuestra de hoy se ha abolido el nosotros e impera el «yo a lo mío». No estamos juntos, sino más desunidos que nunca.

Verdaderamente los que marcan el ritmo político son los independentistas catalanes. La tensión y el clima de odio hacia todo lo español fomentado en Cataluña ya es imperdonable; las agresiones verbales y físicas infringidas a los adversarios políticos que disienten de ellos; la persecución salvaje del idioma español; la escuela pública catalana secuestrada, educando a los niños de manera doctrinaria; los medios públicos de comunicación serviles al nacionalismo, comprados y sometidos. Estas son algunas de las tropelías que están protagonizando los secesionistas en las instituciones de todos los catalanes. El deterioro ocasionado desde la Generalitat cada día va a más y España a menos. Al golpe de Estado le ha llegado la hora de la verdad. Pasó el tiempo de las amenazas del independentismo catalán y sus maniobras internacionales desvirtuando lo que se sustancia objetivamente, ahora en el Tribunal Supremo. Ha llegado la hora en que solo debe hablar la Justicia que no entiende de venganzas, ni de privilegios, ni de pasteleos políticos.

No sólo los actores que tensionan el conflicto catalán son los causantes del padecimiento de esta España nuestra. Hace mucho tiempo que también desaparecieron los intelectuales españoles, dejando el campo libre a los tertulianos que nos iluminan hoy; tampoco existen líderes políticos decisivos que separen adecuadamente el trigo de la paja, y por eso los populismos crecen y crecen sin parar. En la formación de esos movimientos políticos se encierra la frustración y el desprecio de los ciudadanos convertida en la válvula que con gran estrépito está soltando toda la presión con la rabia desbordada de una ciudadanía radicalizada que cree ver su salvación en esos extremismos.

Miguel de Unamuno, minutos antes de morir, pronunció estas tres palabras que son un puro lamento: «Mi pobre España». Hoy han vuelto a España los males denunciados desde Joaquín Costa hasta Ortega. En esa época las desgracias se encadenaron con la pérdida de las colonias y una España injusta y paupérrima, pero en aquella catástrofe surgieron el regeneracionismo y una cascada de españoles comprometidos como Maeztu, Machado, Madariaga, Ganivet, Azaña, Azorín y tantos otros. La España de hoy está considerada como uno de los países más solventes del mundo, servicios sociales avanzados, sanidad pública espléndida y una democracia consolidada, pero nuestro único objetivo y dedicación es autodestruirnos sin intervención de causas exógenas. Somos los únicos responsables de esa autodestrucción. La miseria de ayer dio paso a infinidad de españoles comprometidos, pero esta España de hoy da abundantes farsantes, indocumentados, corruptos, trajinantes y secesionistas. Esto es lo que están haciendo con esta España nuestra convertida hoy en torre de Babel contemporánea.

16 de febrero de 2019

EPÍLOGO

El título *La España de Babel* nos dice de un país, el nuestro que, como todos los otros del Planeta tiene su historia. Los humanos somos seres imperfectos por naturaleza, que las civilizaciones han ido mejorando, según las capacidades, unos más y otros menos. Si partimos de esos principios, el «Homo sapiens» ha ido creciendo en su manera de ver el mundo. De ahí que haya científicos-investigadores, artistas, entorno a la belleza en sus diferentes facetas.

En esta ocasión, y con suerte, nos ha convocado un escritor. En sus textos ha recogido cuanto captó su mirada en el tiempo y su pasar. Bien es verdad que el tiempo es inmóvil, según una teoría propia, somos nosotros quienes pasamos por él.

Elogio del balcón, es el título de otro de los capítulos interesantes, a estos «huecos en el aire» se han asomado dignatarios, personas y personajes para ser visibles y enaltecidos, estas plataformas aún siguen, quizá por comodidad, hasta que no se inventen otras posibles.

Mayo del 68 está expuesto por nuestro escritor Adolfo Fernández con saber y verdad, un modo de refrescar la memoria a los jóvenes de hoy.

En la Inspiración literaria se verifica un desdoblamiento: la inspiración en sí, esa luz que llega a nuestra mente para quedarse un tiempo, propia del arte —y la escritura puede serlo—. En ese desdoblamiento mencionado, el tema de lo social/ político y las quejas, tienen presencia, y no desmerece el epígrafe de Inspiración, sino que se complementan.

De la vejez y el deterioro se ha escrito y hablado desde la antigüedad; también se ha dicho de las experiencias acumuladas y sabiduría de los mayores. Nuestro autor en un encuentro al aire libre dijo unas palabras: «la mente manda».

Adolfo Fernández ha querido resaltar, para que no se pierdan, personas y personajes, situaciones, críticas que han tenido —y tienen— lugar en nuestro país, situaciones como el separatismo catalán que no se rinde.

Afortunadamente hay personas que han actuado con honorabilidad durante años. Uno de ellos fue Josep Tarradellas, presidente de la Generalidad de Cataluña. Tras su figura, han gobernado otros, y en la actualidad, nuestro articulista escribe de los posibles entendimientos de nuestro presidente con quienes gobiernan Cataluña. En ello no vamos a entrar...

Uno de los textos que podemos considerar más literarios en cuanto a la expresión se refiere es el de Greta Thunberg que, con su corta edad, fue referente activa del cambio climático, su origen y consecuencias. Greta propuso a quienes podían remediar «el fin del mundo» que despertaran de su letargo y no lo consiguió. Es un bello texto a pesar del contenido.

Se hace referencia en otros momentos del libro a la apatía que observamos en el presente por encontrar soluciones a los problemas de nuestro país y del mundo entero. El avance global de las tecnologías ha hecho que el humano sea perezoso y no las utilice como herramientas de trabajo y de ocio, sin caer en la cuenta que su cerebro puede más si se le presta atención. Otro problema es que no hay líderes —me permito opinar—. La última fue Ángela Merkel, y nos dejó porque quiso descansar.

La muerte y su presencia no podían faltar en estas páginas con un bello título, El ruiseñor de Patiño. Una apología —dice nuestro escritor— tras la muerte de un amigo querido que organizó, antes de desaparecer, las propias exequias. Finalmente, un ruiseñor canta desde un árbol cercano: las palabras no son capaces de expresar ese momento. El amigo/escritor que ha perdido a su amigo, vuelve y vuelve, y el ruiseñor ya no está, nos dice Adolfo Fernández, tampoco su canto… Es hermoso el episodio capaz de emocionar.

Nuestro escritor durante su trayectoria siempre abogó por la cultura, tanto en el pasado como en el presente. Libros, otro de los capítulos de estas páginas dice, con insistencia, de ese arma del saber que incluso nos puede hacer mejores personas.

Digamos que *La España de Babel* es un compendio abarcador —a pesar de la brevedad— de temas múltiples que conciernen al ser humano, como es lo social y político, la convivencia con los otros, y esa mirada al mundo, y a sí mismo para no caer en los mismos errores, en los mismos fracasos. Hay problemas pendientes como los separatismos, y la mala gobernanza.

Tras la lectura de este libro, que el autor nos regala, seamos agradecidos, por el bien de su palabra, que antes fue voz, segura y atinada.

El legado da cuenta del pasado y presente, que es bueno refrescar, sobre todo, para no cometer los mismos desaciertos y seguir el camino «ligeros de equipaje», agradeciendo una vez más, a nuestro admirado escritor Adolfo Fernández, que haya hecho posible este libro.

Dionisia García

La Fea Burguesía
— EDICIONES —

Este libro, *La España de Babel*, se acabó de
imprimir en enero de 2024